Für Marlina Alba

# PETER ZUMTHOR 2008–2013

Bauten und Projekte

Band 5

Herausgegeben von Thomas Durisch

Scheidegger & Spiess

Band 1    1985–1989

Und von innen nach aussen, bis alles stimmt

Atelier Zumthor, Haldenstein, Graubünden
Schutzbauten für Ausgrabung, Chur, Graubünden
Kapelle Sogn Benedetg, Sumvitg, Graubünden
Wohnsiedlung Spittelhof, Biel-Benken, Basel-Landschaft
Wohnhaus mit Ladengeschäft in der Altstadt von Zürich
Bergstation Rothornbahn, Valbella, Graubünden
Wohnungen für Betagte, Masans, Chur, Graubünden
Kunsthaus Bregenz, Österreich


Band 2    1990–1997

Wohnhaus Truog, Gugalun, Versam, Graubünden
Therme Vals, Graubünden
Topographie des Terrors, Berlin, Deutschland
Herz Jesu Kirche, München, Deutschland
Laban Centre for Movement and Dance, London, England
Klangkörper Schweiz, Expo 2000 Hannover, Deutschland
Wohnhaus Luzi, Jenaz, Graubünden
Kolumba Kunstmuseum, Köln, Deutschland


Band 3    1998–2001

Poetische Landschaft, Bad Salzuflen, Deutschland
Haus Zumthor, Haldenstein, Graubünden
Berghotel Tschlin, Graubünden
I Ching Gallery, Dia Center for the Arts, Beacon, New York, USA
Harjunkulma Apartment Building, Jyväskylä, Finnland
Pingus Winery, Valbuena de Duero, Spanien
Feldkapelle Bruder Klaus, Wachendorf, Deutschland
Erweiterungsbauten Pension Briol, Barbian-Dreikirchen, Italien

Band 4     2002–2007

Galerie Bastian, Berlin, Deutschland
Redevelopment of De Meelfabriek, Leiden, Holland
Sommerrestaurant Insel Ufnau, Zürichsee
Ausbildungszentrum Gut Aabach, Risch, Zug
Zinkminenmuseum Almannajuvet, Sauda, Norwegen
Wohnüberbauung Güterareal, Luzern
Zimmerturm Therme Vals, Graubünden
Oberhus und Unterhus, Leis, Vals, Graubünden
Hisham's Palace, Jericho, Palästinensische Autonomiegebiete
Steilneset Memorial, Vardø, Norwegen


Band 5     2008–2013

| | |
|---|---:|
| Nomads of Atacama Hotel, San Pedro de Atacama, Chile | 7 |
| Werkraumhaus Bregenzerwald, Andelsbuch, Österreich | 25 |
| Chivelstone House, Devon, England | 43 |
| Los Angeles County Museum of Art, LACMA, Kalifornien, USA | 61 |
| Neues Stadttor, Isny im Allgäu, Deutschland | 79 |
| Theatereinbau Burg Riom Origen, Riom, Graubünden | 95 |
| House of Seven Gardens, Doha, Katar | 107 |
| Serpentine Gallery Pavilion, London, England | 123 |
| Perm State Art Gallery, Perm, Russland | 139 |
| Werkverzeichnis 1968–2013 | 155 |
| Texte von Peter Zumthor | 168 |
| Biografie | 170 |
| Mitarbeitende 1985–2013 | 171 |
| Die Arbeit von vielen | 172 |
| Dank | 174 |
| Bildnachweis | 176 |

Nomads of Atacama Hotel, San Pedro de Atacama, Chile
2008–2010

Mein Bauherr hatte eine Parzelle in der chilenischen Atacamawüste bei
San Pedro de Atacama erworben und lud mich ein, sie zu besichtigen.
Der Massstab der Landschaft nahm mich gefangen. Alles ist gross und
erscheint gross, alles ist weit und weit weg. Der erloschene Vulkan
Licancabur beherrscht die Silhouette der Andenkette im Hintergrund. Die
spärliche Vegetation, strauchartige Bäume, vereinzelte Grasbüschel,
erzeugt kaum Orte zum Verweilen, man sieht ihr an, dass sie dem Wind
ausgesetzt ist, der den Sand vor sich hertreibt.
Zu den Wüstenparzellen, «melgas» genannt, gehören Wasserrechte. Das Wasser
fliesst in kleinen Kanälen von den weit entfernten Anden hinunter in die Wüste,
wo es periodisch in die Rechtecke der «melgas» eingeleitet wird, die von
Erdwällen umgeben sind. Kaum fliesst das Wasser in die Rechtecke, beginnt
der Wüstenboden zu grünen. Die Samen der Pflanzen haben im Sand
auf das Wasser gewartet.
Als Architekt, dessen Alltag es ist, in der Schweiz und anderswo auf dicht
bebaute und eng strukturierte Situationen zu reagieren und sich immer wieder
mit den Talfurchen der alpinen Landschaft auseinanderzusetzen, war es eine
grosse Freude, für die Wüste zu entwerfen, für diese Weite und für den grossen
Horizont. Achtundvierzig Hotelzimmer, für Menschen, die das extreme
Naturerlebnis suchen, verteilt auf einen endlosen Horizont von dreihundert-
sechzig Grad, das ist der Entwurf, der aus dieser Freude kam.
Das Zentrum des Wüstenhotels ist eine Oase, die wir entstehen lassen mit dem
Wasser, das alle fünfundzwanzig Tage zur Hotelparzelle fliesst. Mit dem
Wasser erzeugen wir die besondere Vegetation der Oase, und wir speichern es
unter den grossen Schalendächern des Hotels in Becken, wo es durch
Verdunstung für natürliche Kühlung sorgt.
Baulich gesehen, besteht die Konstruktion des Hotels aus einer ringförmigen
Dachscheibe und einer schalenartigen Bodenplatte, die sich viermal auf- und
niederwölbt, das eine Mal den Boden berührt und das andere Mal mit der
Dachscheibe verschmilzt. Die Ingenieure Sven Plieninger und Stefan Justiz
aus Stuttgart haben uns geholfen, diese Tragstruktur zu entwickeln. Vier Waben-
körper mit seitlichen Auslegern verbinden sich zu einer ringförmigen Gesamt-
form. In den aufgewölbten Stellen liegen zu ebener Erde die allgemeinen Räume
des Hotels, der Empfang, das Restaurant, ein Pool und die grosse Lounge.

In diesen Bereichen, geschützt vom Gewölbe des Daches, hält man sich im Freien auf, stellten wir uns vor. Man erlebt die Wüste, den Wüstenwind, die Kälte der Nacht, man schützt sich mit Kleidern und Decken und eigens für den Aufenthalt im Freien entworfenen Möbeln, man wärmt sich am offenen Feuer, wie wir das in San Pedro de Atacama in den halb offenen Innenhöfen erlebt hatten.

Schwankende Fussgängerstege führen aus dem Umgang der Oase, die ein grosser, geschützter Innenhof ist, zu den Zimmern, die sich in die Landschaft öffnen. Einmal im Zimmer, wohnt man auf einem grossen Fenstersims, sozusagen in der Aussicht; rückwärtig liegen Schlafbereich und Bad. Dort führt aus jedem Zimmer eine Treppe aufs Dach. Das Hotel liegt zweitausendfünfhundert Meter über dem Meeresspiegel, die Nächte sind klar, der Blick in den Sternenhimmel grandios. Gerne hätte ich am Tag der Einweihung des Hotels ein paar Wolldecken im Zimmer gepackt, wäre aufs Dach gestiegen und hätte in den Himmel geschaut.

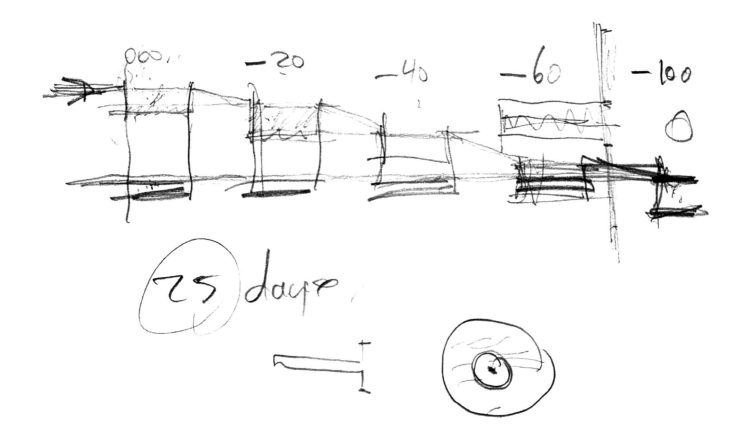

25 days

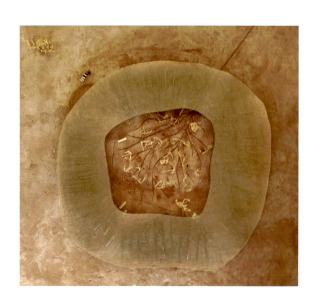

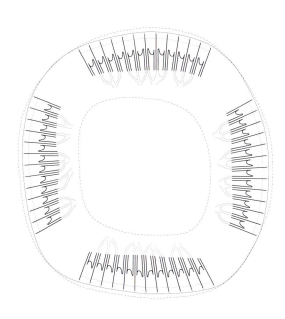

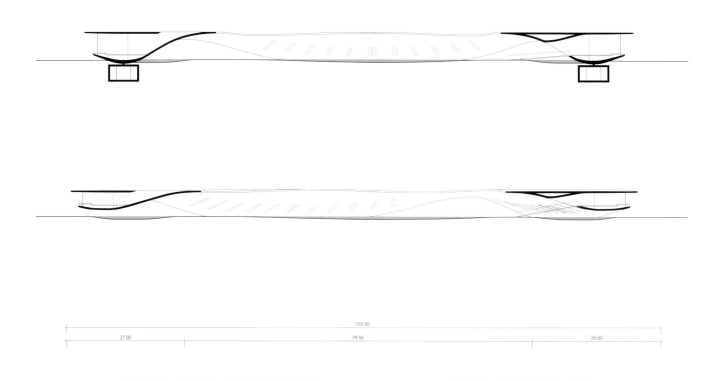

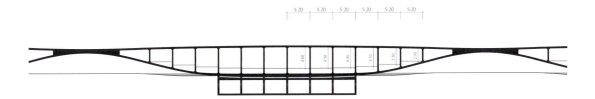

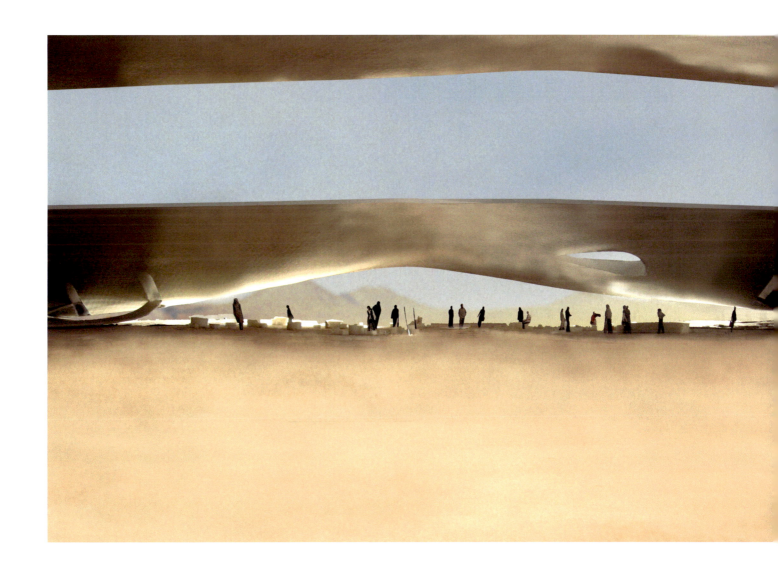

Werkraumhaus Bregenzerwald, Andelsbuch, Österreich
2008–2013

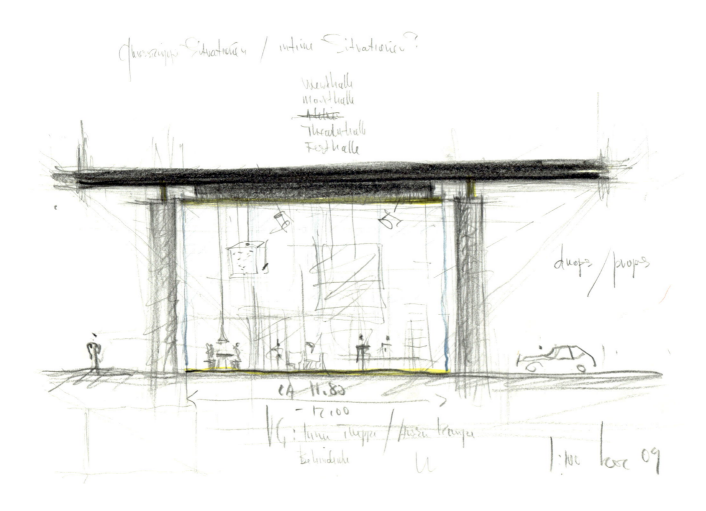

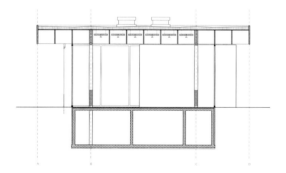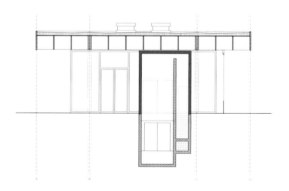

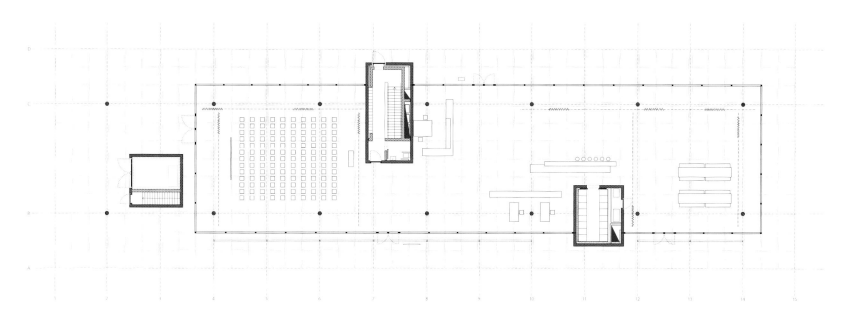
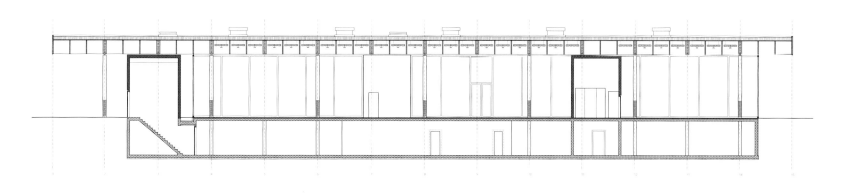

Die seit 1999 im «werkraum bregenzerwald» zusammengeschlossenen Handwerker, die Schreiner, Zimmerer, Baumeister, Installateure, Metallbauer, Grafiker, Goldschmiede, Polsterer und Ofenbauer, wollten in ihrem Tal, dem Bregenzerwald, ein Zentrum für Handwerk und Form bauen, in dem sie zusammen auftreten und zeigen, was sie machen und können, in dem sie gemeinsame Aufgaben angehen, in dem sie Möbelsammlungen oder Materialarchive bereitstellen, Kundengespräche führen, Seminare und Workshops abhalten und in dem sie mit der Bevölkerung des Tales Feste feiern, zum Beispiel den Handwerkerball.

Ein Vorbild für diesen Haustyp gab es nicht. So entwarfen wir eine grosse Vitrine aus Glas, die achthundert Quadratmeter Bodenfläche umschliesst, und legten darüber ein Dach von tausendsechshundert Quadratmetern, dessen grosse Vordächer einen schönen Teil der Freifläche beim alten Bahnhof der ehemaligen Bregenzerwaldbahn im Dorfzentrum von Andelsbuch überdecken. Hier hat es reichlich Platz für Anlässe im Freien, für Ausstellungen und Festwirtschaften, und die Gäste finden Abstellplätze für ihre Fahrzeuge.

Das dunkle Dach, unter dem man sich für diese Anlässe versammelt, ist aus Holz gebaut. In den tiefen Kassetten der Deckenkonstruktion liegen, ähnlich wie bei einer Fabrik oder einem kleinen Theater, alle technischen Dinge, die es braucht, um das Haus mit grosser Flexibilität in wechselnden Situationen immer wieder anders bespielen zu können: Grundbeleuchtung, Akzentbeleuchtung, Notbeleuchtung; elektrische Anschlüsse wie Stromschienen, Steckdosen, Brandmelder, Alarmsysteme, Fluchtwegschilder, Entlüftungs- und Entrauchungsgeräte sowie Vorhänge und grosse dunkelblaue Filzkissen, die für eine gute Akustik sorgen.

Das Dach liegt auf vierzehn feinen Holzstützen, auf sogenannten Pendelstützen, die weder unten in den Boden noch oben in die Dachkonstruktion eingespannt sind. Sie müssen nur das Gewicht des Daches tragen, denn seitlich wird es von drei grossen Hohlkörpern aus Beton gehalten. Diese Körper beinhalten Nebenräume, Aufzug, Treppenanlage und Küche, und sie gliedern den Grundriss der grossen Glasvitrine in drei ineinanderfliessende Raumteile.

Das Gebäude hat einen gewerblichen Charakter, ist aber fein und sorgfältig gearbeitet, so dass es gut zu den verschiedenen Handwerksbetrieben passt, die auf hohem Niveau mit Holz, Metall, Leder, Stoff, Papier, Glas oder Beton arbeiten. Die Handwerker des «werkraums bregenzerwald» sind die Fachleute, die wir Architekten schon immer gesucht haben. Es war eine Freude, mit ihnen zu arbeiten. Das Werkraumhaus Bregenzerwald bündelt ihre Leistungen und macht sie sichtbar.

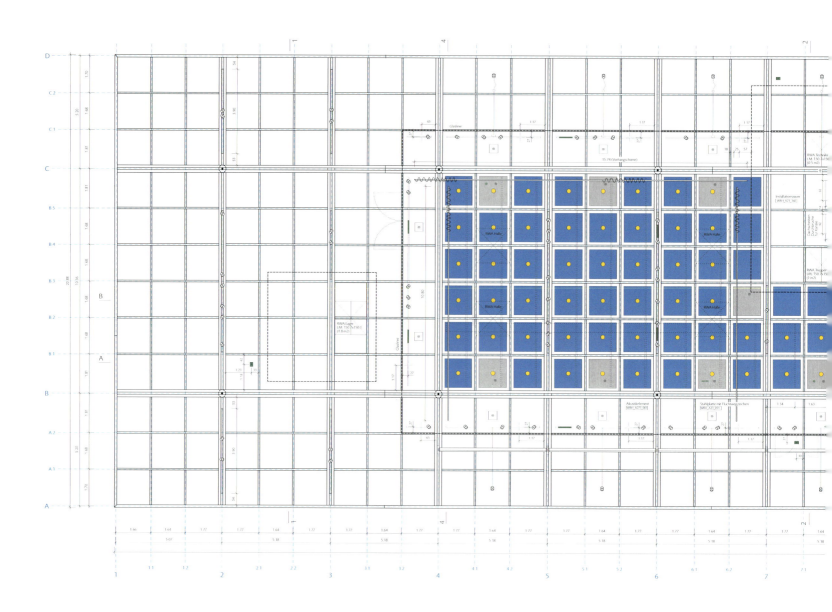

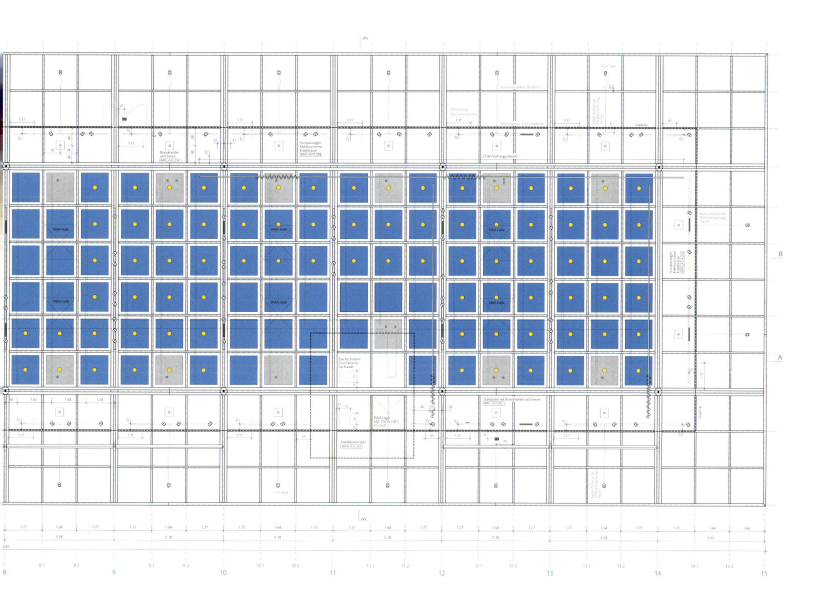

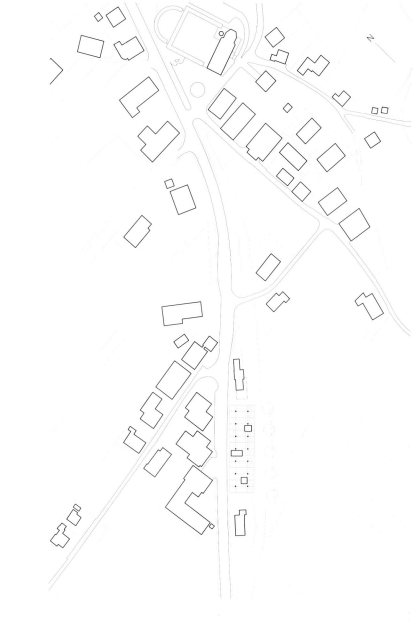

Chivelstone House, Devon, England
seit 2008

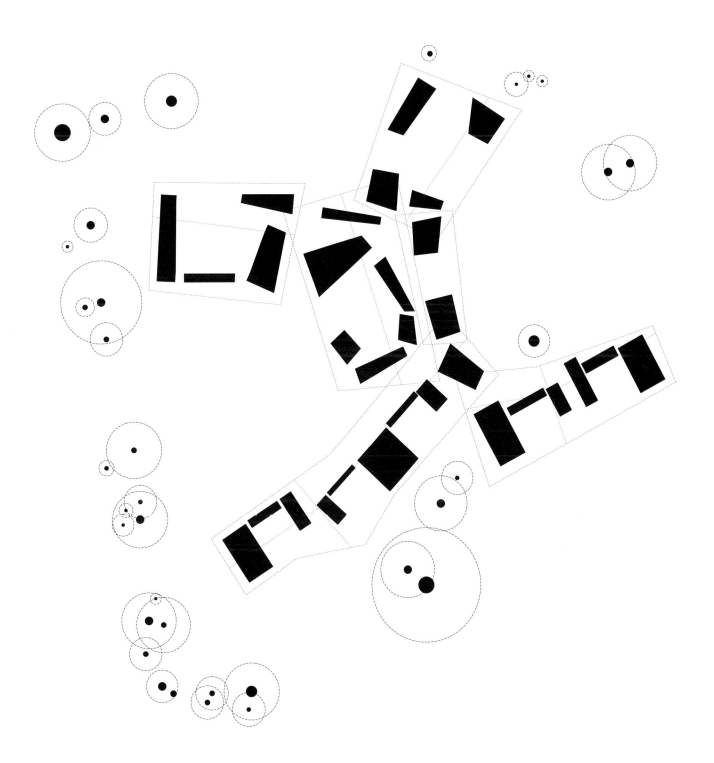

Das Chivelstone House, gedacht als Rückzugsort für eine kleine Gemeinschaft auf Zeit, die dort Ferien verbringt, sich erholt, studiert oder arbeitet, besteht aus zwei Schlafzimmerblöcken und einem grossen Dach. Es ist in seiner Grundsubstanz aus Steinen, Stampfbeton und Holz gebaut, die Materialien und Farben sind die der Gegend. Grosse Fenster rahmen die Landschaft in den Schlafräumen. Der Wohnbereich liegt unter der grossen Dachplatte. Er ist ringsum verglast, die Landschaft fliesst durch ihn hindurch. Die kräftigen Pfeiler, die das Dach tragen, stehen frei im Raum und bilden zusammen mit frei stehenden Schrankvolumen ein offenes Raumgefüge. Es gibt Bereiche zum Kochen, zum Essen, eine Feuerstelle, eine Bibliothek, Nischen mit zwei Sesseln, in denen man ein Buch lesen kann, oder auch Ecken in der Nähe der Küche, in denen Kinder spielen können, wenn die Eltern mit der Vorbereitung der Mahlzeiten beschäftigt sind.

Das Haus, das unser Bauherr anstelle eines Wohnhauses aus den vierziger Jahren errichtet, liegt auf einem Hügel über dem Weiler Chivelstone. Es ist von einem Kranz aus alten Monterey Pines umgeben, die um das ehemalige Wohnhaus gepflanzt wurden. Sie seien ein Geschenk aus Amerika, erzählt man sich in der Gegend. Die Aussicht in die grüne Landschaft Devons mit ihren sanft geschwungenen Hügeln wirkt beruhigend. Das Meer ist nahe. Die Atlantikküste erreicht man zu Fuss in weniger als einer Stunde. Ausser den Monterey-Kiefern erinnern nur noch Spuren von Geländemodulierungen, kleine Stützmauern, errichtet mit der lokalen Technik «shillet on egde», und ein sechseckiges Blumenparterre, dessen Einfassung aus Beton die ehemalige Bewohnerin des Hauses selber gebaut haben soll, an den früheren Wohnsitz.

Der Ort auf dem Hügel hat eine heitere Atmosphäre, die aus seiner Geschichte zu kommen scheint.

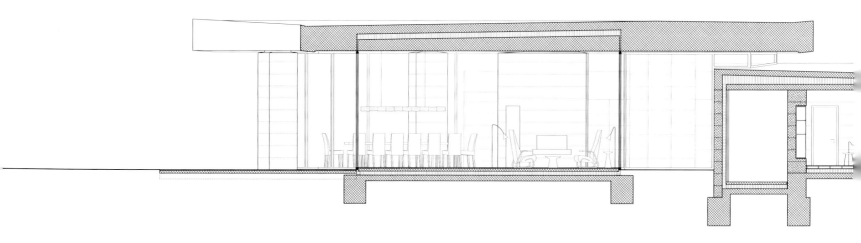

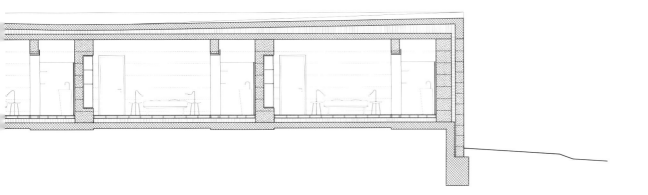

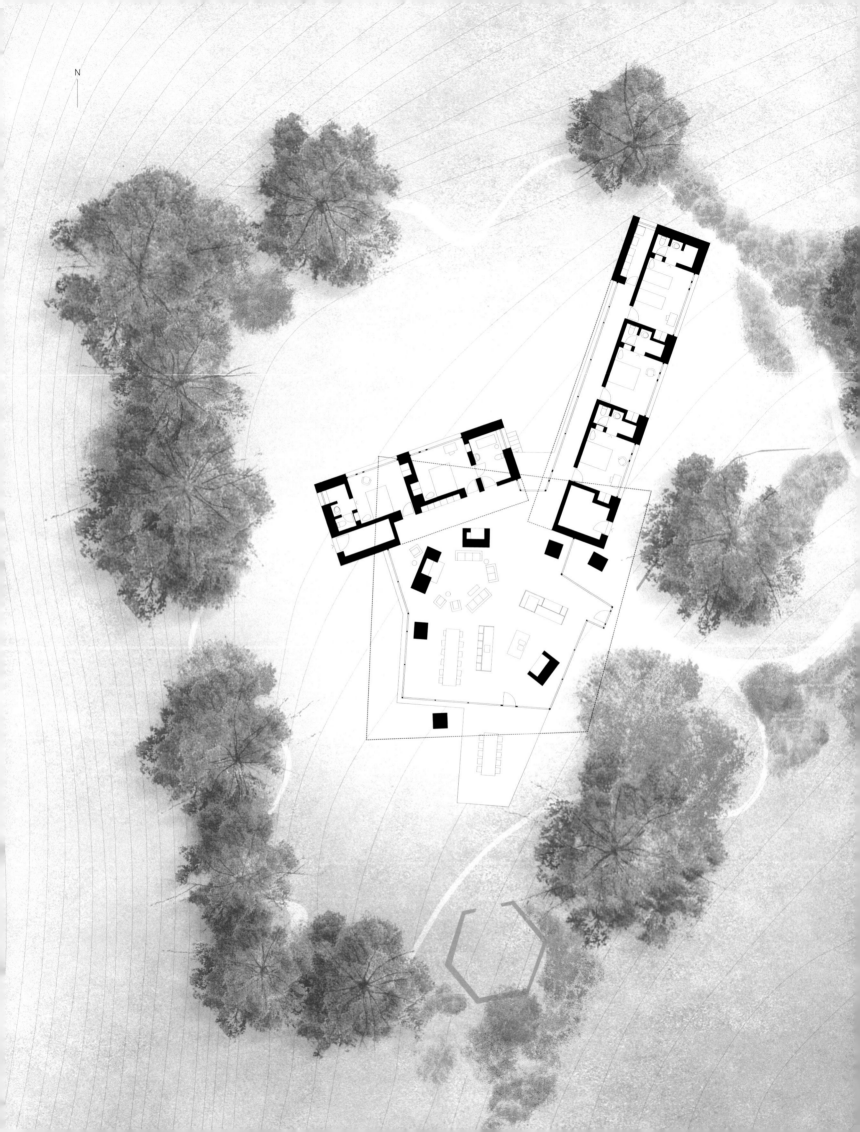

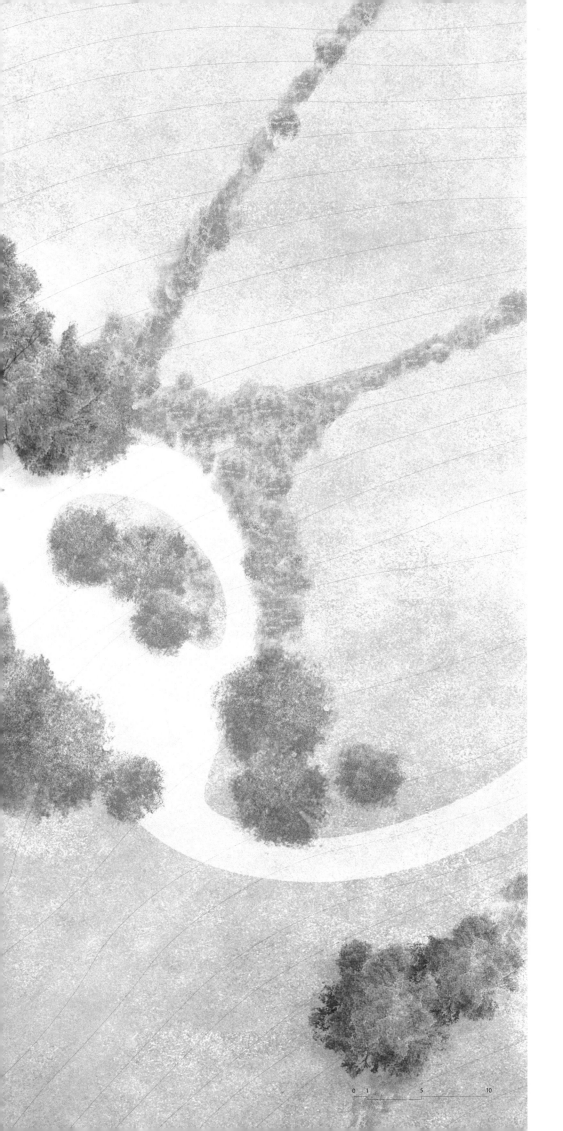

Los Angeles County Museum of Art, LACMA, Building for the
Permanent Collection, Los Angeles, USA
seit 2008

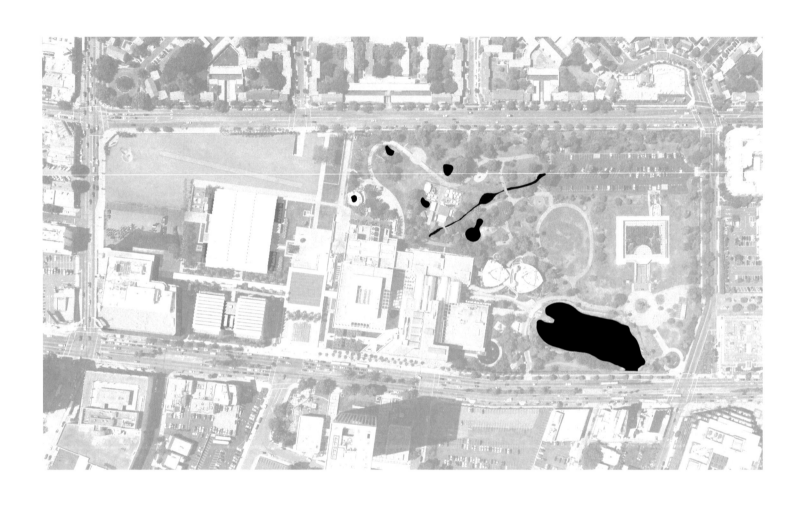

Städtebaulich betrachtet, bietet die Bebauung des Areals am Wilshire Boulevard im Miracle Mile District von Los Angeles, auf dem sich die Gebäude und Anlagen des Los Angeles County Museum of Art befinden, das Bild eines zufällig entstandenen und wenig strukturierten Nebeneinanders von offenen Flächen und historisch gewachsenen Bauten. Im westlichen Teil des Quartiers, an der Ecke Wilshire Boulevard und Fairfax Avenue, dominiert das im Art-déco-Stil gehaltene ehemalige Warenhaus der May Company von 1939, das in Zukunft die Academy of Motion Pictures beherbergen soll. Im östlichen Teil liegt der Hancock Park, ursprünglich eine offene Fläche, die heute zum Teil mit Bauten und einem Parkplatz belegt ist. Hier befinden sich die bekannten La Brea Tar Pits, kleinere und grössere Tümpel, in denen flüssiger Asphalt an die Erdoberfläche tritt. Der grösste der Asphaltseen liegt in der Südostecke des Geländes. In seiner unmittelbaren Nachbarschaft stehen der Pavilion for Japanese Art von Bruce Goff und Bart Prince, 1988 eingeweiht, und ein weiteres Solitärgebäude, das Page Museum, das sich mit der Geschichte des Ortes beschäftigt. Es stellt die lokalen Funde aus: Knochen von Mammuts, Säbelzahnkatzen, Riesenfaultieren, die vor zehn- bis vierzigtausend Jahren in der zähen Asphaltbrühe der Tümpel stecken blieben und verendeten.

Der mittlere Teil des Areals wird von den Gebäuden und Anlagen des Museums eingenommen. Es sind dies das 2008 von Renzo Piano gebaute Broad Contemporary, bestehend aus zwei würfelförmigen Bauten für zeitgenössische Kunst, der 2010 eröffnete Resnick Pavilion, ein frei unterteilbarer Grossraum in der Art einer Kunsthalle, und die älteren Museumsgebäude, die in zwei Bauphasen entstanden. Wenn man auf alten Fotos die 1965 fertiggestellte Anlage von William Pereira betrachtet, erkennt man eine typische Architektur der Zeit: Pavillonartige Baukörper bilden eine frei gefügte Figur, die sich in einer Wasserfläche spiegelt. Diese Anlage wurde 1986 um bauliche Strukturen erweitert, die die ursprüngliche Komposition überlagern und unkenntlich machen.

Unser Auftraggeber beabsichtigt, dieses gewachsene Konglomerat von Gebäuden, in denen die enzyklopädische Sammlung des Museums aufbewahrt, wissenschaftlich betreut und ausgestellt wird, durch einen Neubau zu ersetzen. Die Kunstwerke sollen auf eine neue Weise zugänglich gemacht und gezeigt, die Bedeutung der Sammlung besser zum Ausdruck gebracht werden.

Unser Entwurf arbeitet mit einer frei ondulierenden Grossform, die organisch auf die historisch gewachsenen Gegebenheiten des Ortes eingeht. Sie weicht vor und zurück, reagiert auf das, was da ist, baut Nachbarschaften auf, zu den Tar Pits, zum Pavilion for Japanese Art, zu den Ausstellungsbauten von Renzo Piano an der zentralen Plaza, sie erzeugt einen langen Schwung am Wilshire Boulevard, behauptet eine eigene Mitte und markiert das Zentrum des Museumsquartiers. Die Horizontalität der Grossform antwortet auf die grosse Ausdehnung, den weiten Himmel der Stadt. Von oben betrachtet, wirkt sie wie eine riesige Blume, organisch gewachsen, genährt vom historischen Boden. Vielleicht war sie immer schon da.

Die Sammlung des Museums wird auf einem einzigen Ausstellungsgeschoss gezeigt, das über der Erde schwebt. Es wird getragen von organisch geformten Sockelbaukörpern, in denen Empfangsräume, Auditorium, Restaurant wie auch grosse Ausstellungsvitrinen, Schaulager, Arbeitsräume für die Kuratoren und die Treppen und Aufzüge zum Obergeschoss untergebracht sind. Die Hohlkörper, umgeben von gläsernen Membranen, sind frei unter den schwebenden Museumskörper gesetzt, den sie tragen. Sie gewähren Durchblicke und Ausblicke. Der mäandrierende Freiraum zwischen den Sockelvolumen verbindet sich mit dem offenen Gelände des Hancock Park. Die Stadtlandschaft des Ortes fliesst unter dem Gebäude hindurch.

Das Ausstellungsgeschoss erreicht man über den einen oder anderen Sockelbaukörper, je nachdem, welchen Teil der Sammlung man besuchen will. Das Geschoss ist in unterschiedliche Ausstellungseinheiten gegliedert, die den Schwerpunkten der Museumskollektion entsprechen. Im Kern dieser Einheiten befinden sich die Hauptstücke der Sammlung, die permanent ausgestellt werden sollen. Diese Kernräume sind umgeben von Raumfolgen, die eine Palette von typischen Tageslicht- und Kunstlichtsituationen für wechselnde Ausstellungen anbieten.

Im Modell, das auf Seite 68 abgebildet ist, haben wir die unterschiedliche räumliche Struktur der Einheiten schematisch dargestellt. In einem nächsten Entwurfsschritt sollen die Einheiten organisch aneinandergefügt werden. In den Fugen zwischen den Einheiten möchten wir ein inneres Wegnetz anlegen, räumliche Passagen, die ebenfalls für Ausstellungen genutzt werden können. Eine Panoramagalerie, die den langen Fassadenschlingen der Grossform folgt und das ganze Gebäude umrundet, bindet die internen Wege zusammen und sorgt dafür, dass man den Blick in die Stadt nie verliert und sich immer wieder orientieren kann. Die Stadt ist immer präsent.

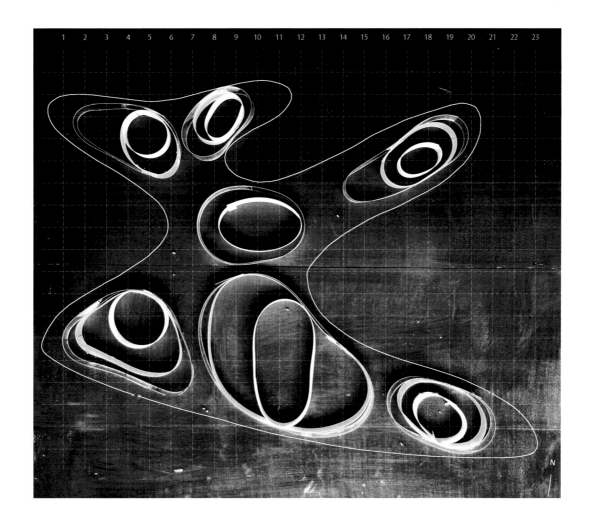

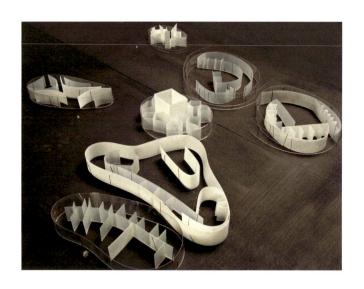

73

Neues Stadttor Isny, Bühne und Café, Isny im Allgäu, Deutschland
2009–2012

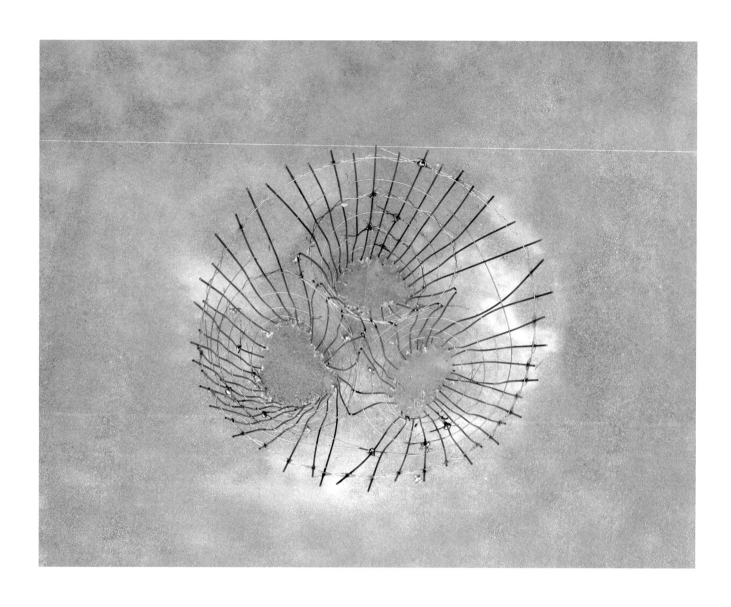

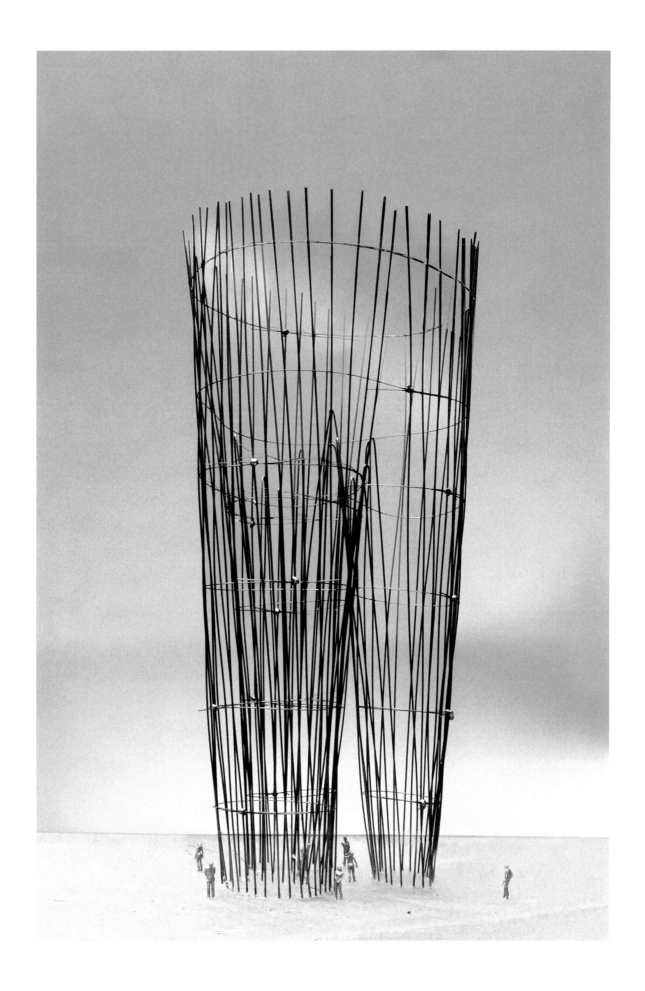

Isny ist die Stadt der Türme. Kirchtürme und Türme der mittelalterlichen Stadtbefestigung prägen das Stadtbild. Unser Projekt formuliert einen neuen Turm aus massivem Glas, der sich zu den historischen Türmen gesellt. Die Familie der Türme sollte ein neues Mitglied erhalten.

An der Stelle unseres Glasturmes stand bis ins Jahr 1830 das Obertor. Es wurde abgebrochen, um für den Durchgangsverkehr Platz zu schaffen. Seit Kurzem hat Isny eine Umfahrungsstrasse, der Verkehr zwängt sich nicht mehr durchs Städtchen. Deshalb entstand im Stadtrat die Idee, man könnte das alte Obertor, auch Lindauertor genannt, in neuer Form wieder aufleben lassen. Man sprach von einem Wahrzeichen für die Stadt, von Stadtmarketing. Wirtschaft und Kultur sollten belebt werden. Die Ladengeschäfte, Restaurants und Gasthäuser der Altstadt brauchen neue Impulse, das spürt man, wenn man durch die alten Gassen geht.

Im Wissen um diese Situation entwickelten wir zusammen mit den Behörden und interessierten Menschen ein inhaltliches Programm, noch bevor wir begannen, den Turm als Form zu entwerfen. Die Aktivitäten im neuen Gebäude sollten über die Stadt hinaus in den süddeutschen Raum ausstrahlen. Dafür sollte ein besonderer Raum für kulturelle Veranstaltungen im Turm eingerichtet werden. Wir gaben dem Raum eine kammermusikalische Grösse und dachten an eine ausgezeichnete Akustik. Wir begannen, Gespräche zu führen mit Leuten aus der Musik-, Theater- und Literaturszene, wir überlegten uns die Zusammenarbeit mit Hochschulen und Akademien, denn wir waren der Überzeugung, dass die kulturelle Kraft, die es für ein solches Projekt braucht, nicht aus dem Ort allein kommen kann.

Dann entwarfen wir den Turm. Wir knüpften Kontakte zu Herstellern von Glasziegeln, beschafften uns Materialmuster aus Böhmen, bauten erste Mauern damit und freuten uns an den Brechungen des Lichtes im Glas. Mit Ingenieur Joseph Schwartz entwickelten wir ein statisches Konzept für den Turm, der von unten nach oben aus drei Füssen zu einer grossen Schale aus Glas zusammenwächst, in die eine Turmkugel eingelegt ist. Die Kugel ist ein leichtes Stahlgebilde. Sie ist aussen silbern verschuppt und innen mit dunklem Holz ausgekleidet. Sie birgt das Auditorium, einen geschlossenen Spielraum. Gleich darunter liegen das Foyer, die Bar und das Restaurant. Hier blickt man über die Stadt hinweg in die weite Allgäuer Landschaft.

Der Ingenieur Matthias Schuler zeigte uns Wege, wie man die noch nie gesehene Glasstruktur kühlen und heizen könnte, ohne Energie zu verschwenden.

Nach einiger Zeit kam uns der Entwurf schlüssig vor. Wir konnten uns das Leben, das im Turm stattfinden sollte, gut vorstellen und hatten daraus seine Form entwickelt. In der Folge richteten wir in Isny für die Bevölkerung eine Ausstellung ein, in der wir unsere Modelle und Pläne zeigten und unsere Ideen zweimal vor etwa tausend Menschen erklärten und diskutierten. Wir führten auch Gespräche mit Personen, die sich vorstellen konnten, das Projekt zu finanzieren, denn es war vorgesehen, den Haushalt der Stadt mit dem Bau und Betrieb des Turmes nicht wesentlich zu belasten.

Aber so, wie der Entwurf Freunde gewann, fand er auch Gegner. Der Rat der Stadt beschloss, eine Abstimmung durchzuführen und die Bevölkerung zu fragen, ob sie überhaupt einen Neubau an dieser Stelle haben wolle. Gut sechzig Prozent der Stimmberechtigten nahmen an dieser Abstimmung teil, gut siebzig von diesen sprachen sich dagegen aus, das Projekt fortzuführen.

Ein Entwurf – das ist meine Erfahrung –, der noch nie gesehene Formen und Konstruktionen verspricht, weckt Misstrauen und Angst. Ich habe das in Berlin erlebt, im kleinen Bergdorf Tschlin, in San Pedro de Atacama in Chile und an anderen Orten. Aber architektonische Ideen, die mir im Laufe der Arbeit an einem Entwurf zufielen, gehen nicht verloren, diese Zuversicht habe ich mit den Jahren entwickelt. Sie bleiben in der Welt und befruchten Neues.

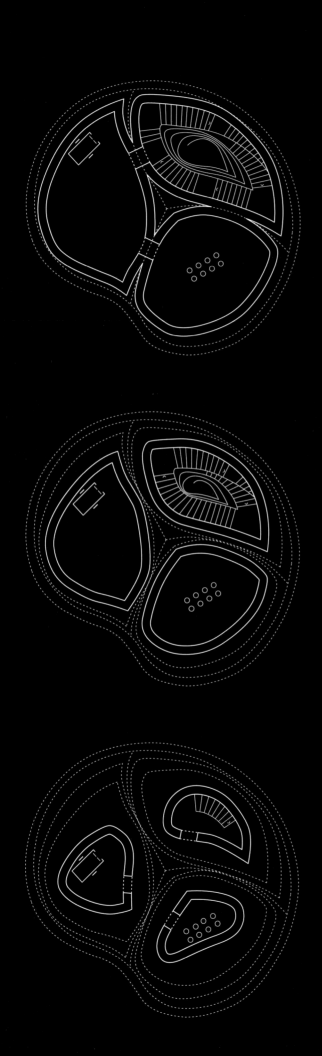
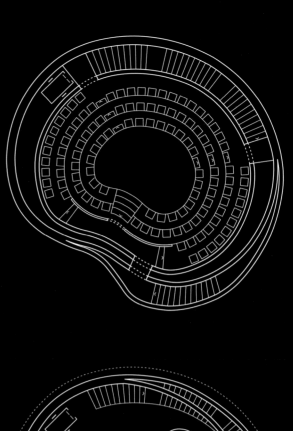
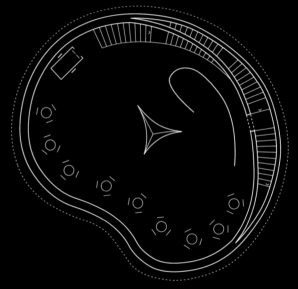

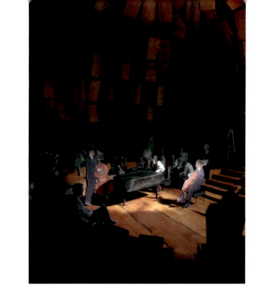

Theatereinbau Burg Riom Origen, Riom, Graubünden
seit 2009

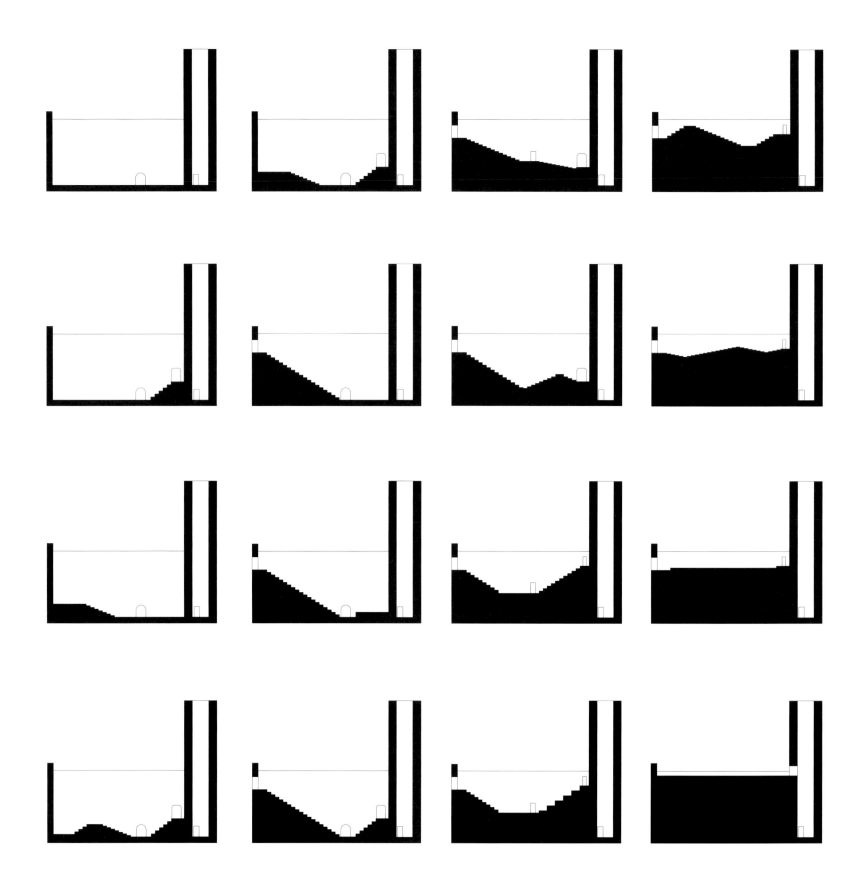

Origen ist ein Festival in den Bergen. Es beschäftigt sich mit Sprache, Theater, Tanz und Musik und ist durch die Person seines Erfinders und Intendanten Giovanni Netzer stark mit dem Kulturraum des bündnerischen Oberhalbstein verbunden. Die künstlerischen Arbeiten von Origen haben immer wieder mit der Landschaft, den verschiedenen Spielorten und ihrer Geschichte zu tun.

Origen hat ein Stammhaus, die Burg Riom. Die Burg, schon lange eine Ruine, wurde im 13. Jahrhundert von den Herren von Wangen-Burgeis erbaut. Sie thront auf einem Hügel unterhalb des Dorfes Riom, nach dem sie benannt ist. Zum Schutze der alten Mauern erhielt sie 1973 ein Satteldach. Seit 2006 wird sie von Origen genutzt. Zu diesem Zweck wurde in die Burg ein Theater konventionellen Zuschnitts eingebaut, das Giovanni Netzer heute als Provisorium betrachtet. Er hat uns deshalb eingeladen, den Innenraum der Burg als Theaterraum neu zu denken. Origen will sich in der Burg weiterentwickeln.

Die Burg besitzt einen einzigen Innenraum von eindrücklichem Format, er ist neunundzwanzig Meter lang, neun Meter breit und vierzehn Meter hoch. Unser Projekt sieht vor, diesen Innenraum freizulegen. Die neueren Einbauten werden entfernt, das Dach wird abgenommen, der Raum wird zum Himmel geoffnet.

Für diesen Raum haben wir einen beweglichen Bühnenboden entworfen. Er besteht aus zweiunddreissig Querbalken aus Stahl, die einzeln in der Höhe verstellbar sind. Dadurch wird es möglich, immer wieder andere Spiel- und Schausituationen herzustellen, vom flachen Boden ganz unten, auf dem man den Innenraum der Burg mit dem Rechteck des Nachthimmels darüber in seiner ganzen Wucht und Grösse erleben kann, über die wellenförmigen oder schluchtartigen Bühnen- und Gegenbühnensituationen bis hinauf zum flachen Boden knapp unter den Mauerkronen, der zur luftigen Dachterrasse wird.

Die zum Theater gehörenden Nebenräume sind minimal gehalten. Sie befinden sich in einfachen Holzbauten zu ebener Erde am Fusse der Burg. Die Zugänge für Spieler und Zuschauer, alles originale Fassadenöffnungen des Bauwerks, erreicht man über Aussentreppen und Stege an der Fassade, die in der Art von leichten Baugerüsten konstruiert sind. Sie erinnern an die hölzernen Wehrgänge und Aussenzugänge mittelalterlicher Burgen.

Der neue Theaterraum und die historischen Mauern werden im Normalfall von einem Satteldach aus Glas geschützt. Es ersetzt das frühere Schindeldach, hat aber zusätzliche Funktionen: Die beiden Dachhälften können für bestimmte Aufführungen umgeklappt und geöffnet werden. Ist das Glasdach geschlossen, werden die Mauern im Innern der Burg ähnlich wie in einem Treibhaus von der Sonne aufgewärmt und geben die gespeicherte Wärme abends während der Aufführung wieder ab, auch wenn das Dach geöffnet ist. So ist es möglich, die Burg auch an kühleren Tagen zu benutzen. Denn Origen ist ein Sommerfestival, die Burg wird nicht beheizt, das historische Mauerwerk bleibt unberührt, es gehört zum Spielort.

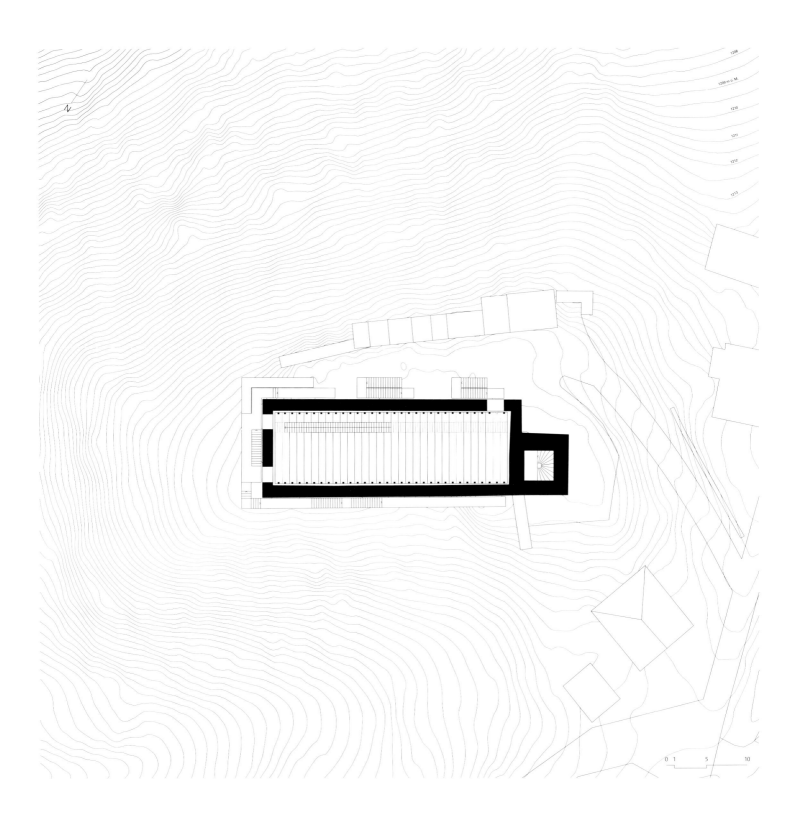

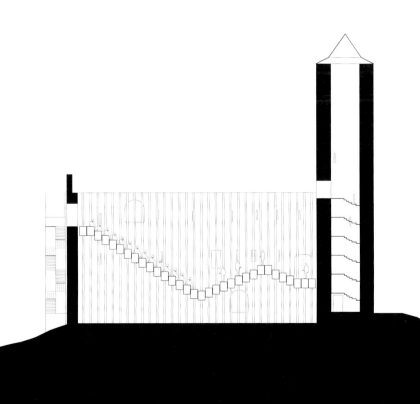

House of Seven Gardens, Doha, Katar
seit 2009

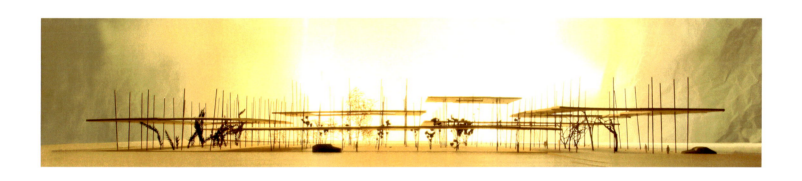

Das Haus für Scheich Saoud Al-Thani und seine Familie ist wie eine kleine Stadt gebaut. Es birgt viele Überraschungen, intime Wege, verschattete Orte und verschwiegene Winkel. Es ist um sieben Innenhöfe herum gebaut, in denen Gärten liegen. Das Gebäude schirmt ab von der Aussenwelt und schafft seine eigene ruhige Welt.

Es beinhaltet die privaten Gemächer des Scheichs und den Hausteil für die Sheikha, Räume, in denen die Frauen unter sich sein können, und andere Räume, in denen die Männer sich treffen, einen repräsentativen Raum, in dem die Familie offizielle Gäste empfängt, eine kleine Kunstgalerie, Studioräume für die Verwaltung und Wohnquartiere für die angestellten Frauen und Männer. Alle diese Bereiche sind, lokalen Traditionen folgend, getrennt voneinander angeordnet.

Entsprechend diesen Bedürfnissen ist das Haus in sieben Teile gegliedert. Jeder dieser Teile umschliesst als Herzstück einen besonderen Garten. Es gibt einen Palmengarten, einen Skulpturengarten, einen Topfgarten, einen Wassergarten, einen Wüstengarten, einen Paradiesgarten und einen Schattengarten. Kühle Materialien, schwarze Holzstäbe zu Gittern gefügt, feine Stoffe, Bäume, Sträucher, Blumen, Gräser, Düfte, die Geräusche des Wassers und der Schritte auf dem Boden und tausendundeine Abstufung von Hell und Dunkel bestimmen die Atmosphäre der Höfe. Die Grundstimmung des Hauses ist elegant. Wir träumen von einem spannungsvollen Verhältnis zwischen Schwere und Leichtigkeit.

Die Erschliessungswege des Hauses verlaufen zwischen den Höfen, die, funktionalen Bedürfnissen entsprechend, aneinandergefügt sind. Es entsteht eine rhythmisch frei bewegte Gesamtfigur, die nach innen auf die Gärten ausgerichtet ist. Von aussen betrachtet, wirkt das Haus auf traditionelle Weise verschlossen.

Der grösste der sieben Gärten ist ein Wüstengarten. Er umfasst Teile eines bestehenden Palmenhains und bietet Raum für das traditionelle Beduinenzelt des Scheichs, das in den Wintermonaten in der Mitte des Hofes aufgestellt wird und in dem er seine Freunde empfängt. Der Hof wird flankiert von einem älteren einfachen Wohnhaus, dem Haus des Onkels, das dem Scheich lieb ist und das er erhalten möchte. Ein anderer Teil der Hofumrandung ist das neue «Zelt», ein Raum, gebaut aus Stein und Glas, für die Sommermonate, wenn es im traditionellen Zelt zu heiss wird.

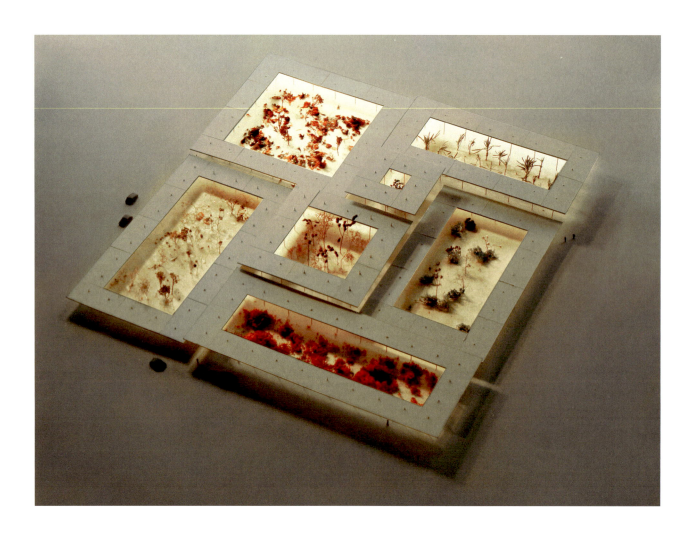

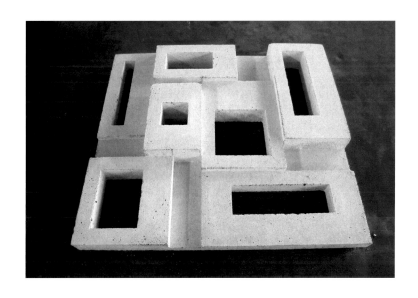

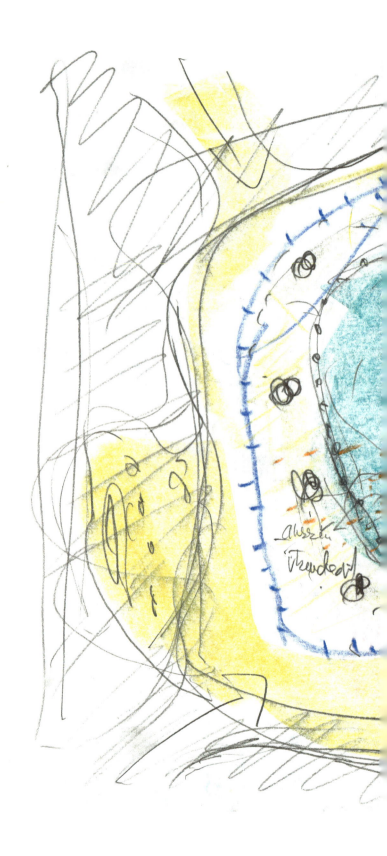

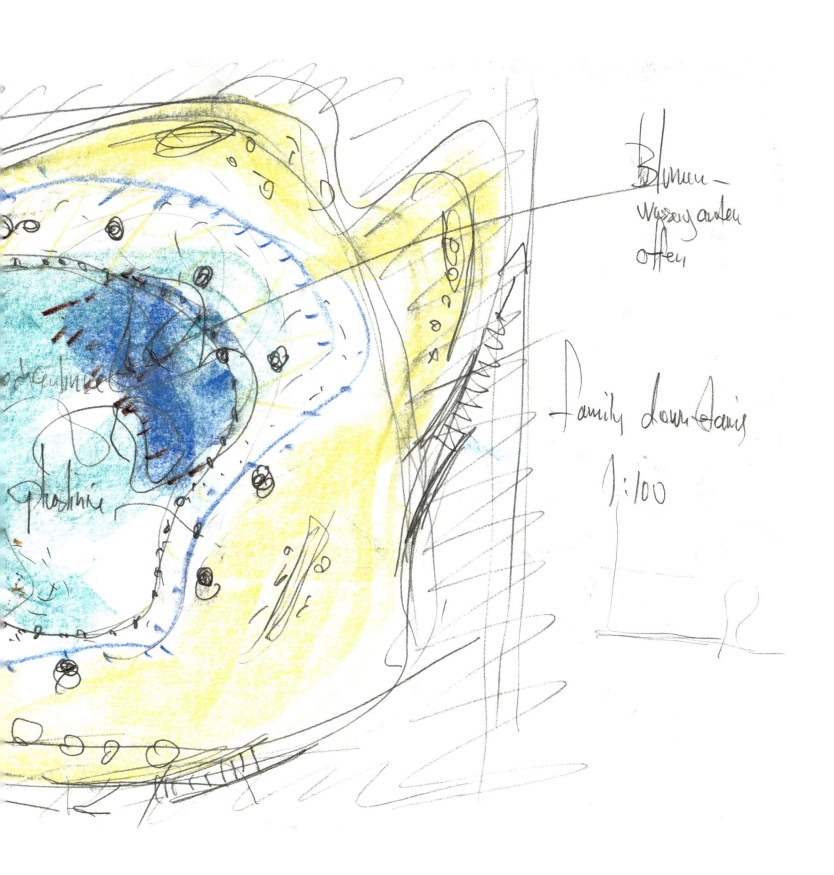

Blumen-
Wasengarten
offen

family downstairs
1:100

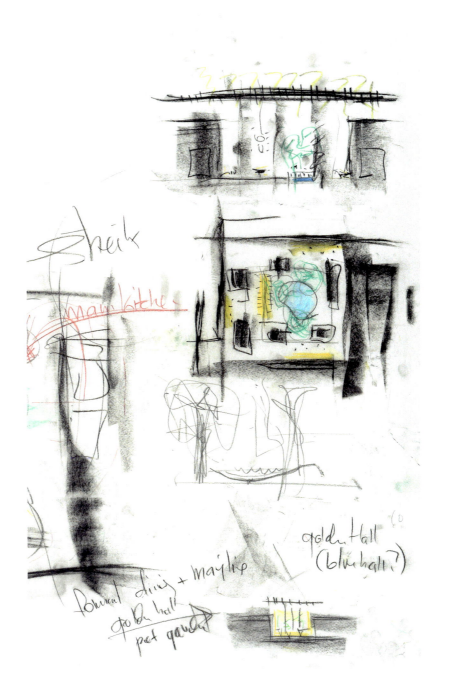

Serpentine Gallery Pavilion, London, England
2010 – 2011

Ich liebe eingezäunte Gärten, ummauerte Gärten, Innenhöfe, Gartenhöfe, ich liebe ihre Intimität, das Gefühl des Geschützten, Geborgenen, des Kleinen, das im Grossen aufgehoben ist.

Im Londoner Hyde Park einen neuen Garten auf Zeit zu gestalten, einen Hortus conclusus, ausgerechnet in einem grossen Park mit vielen Gärten noch einen weiteren Garten anzubieten, ist das sinnvoll? Diese Frage stellte sich uns nur ganz am Anfang des Entwurfsprozesses, denn schon bald spürten wir, dass der Besuch eines wunderbaren Gartens in unserem schwarzen architektonischen Doppelrahmen zu einem schönen Erlebnis der Ruhe und Nähe werden könnte.

Das war unsere Idee: Wir versammeln die Besucherinnen und Besucher unter einem Vordach rund um einen Blumengarten, der sich vom frühen Sommer bis in den Herbst hinein verändert, Blumen blühen und verwelken, die Menschen kommen, verweilen bei den Pflanzen, sie reden miteinander, sie trinken eine Tasse Tee, lesen in einem Buch, gehen auf und ab, betrachten, was da wächst. Die Stimmung ist friedlich.

Wir haben den Pavillon gebaut, und die Menschen haben ihn gerne benutzt. Ich selbst erlebte ihn wie ein Vergrösserungsglas im landschaftlichen Ganzen des Hyde Park. Der Serpentine-Garten schärfte meinen Blick für die Welt der Pflanzen und verstärkte mein Gefühl für das Wachsen, Blühen und Vergehen, das sich mir in der intimen Begegnung mitteilte.

Piet Oudolf hat diesen Garten geschaffen. Wir boten ihm den Rahmen, er schuf das Herz.

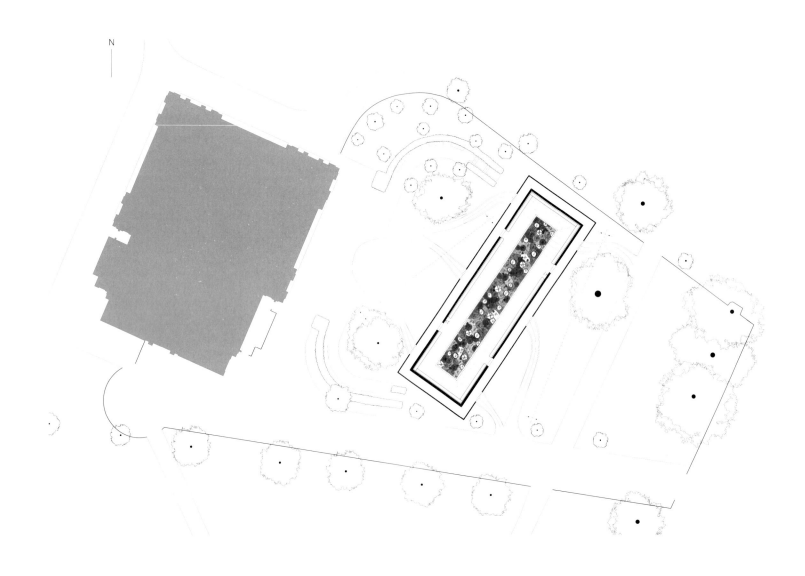

Perm State Art Gallery, Perm, Russland
seit 2010

Die Sammlung der Permer Staatsgalerie ist in der Christi-Verklärungskirche von 1832 eingerichtet. Ihr Bestand umfasst neben westlich beeinflusster Malerei, die man im Museum vor allem ausstellt, ein Konvolut von etwa tausend Ikonen und viele kostbare Gegenstände aus Textilien, Stein, Metall, Holz und Papier: Volkskunst aus der Permer Gegend zumeist, die zum grossen Teil in den Lagern liegt. Hinzu kommt eine bedeutende Sammlung von Heiligenfiguren.

Diese Holzskulpturen haben mich sofort in ihren Bann gezogen, als ich sie zum ersten Mal sah. Die Begegnung war überraschend. Dicht gedrängt und zum Teil nur noch fragmentarisch erhalten, sind sie in einem Raum, der unter dem zentralen Gewölbe der ehemaligen Kirche für sie abgetrennt wurde, ausgestellt: ein sitzender Christus, Heilige, Engelgruppen. Bis vor Kurzem, so lese ich im aufschlussreichen Band *Verbotene Bilder* von Marianne Stössl (München 2006), ging die westliche Kunstgeschichtsschreibung davon aus, dass es in Russland aufgrund eines Verbotes der orthodoxen Kirche keine Heiligenfiguren gegeben habe. Dass das nicht stimmt, erlebt man im Permer Museum auf eindrückliche Weise. Die Figuren, die aus dem späten 18. Jahrhundert und vor allem aus dem 19. Jahrhundert stammen, sind anatomisch geformt, unter Lebensgrösse gehalten und farbig bemalt. Sie haben einen Ausdruck, der aus der Tiefe der Zeit zu kommen scheint. Man denkt an Volkskunst und Volksfrömmigkeit, an Bilder des Göttlichen, die in den Dörfern des Ural, in den Weiten des russischen Ostens vor der christlichen Lehre da waren.

Die Permer Figuren wurden in den zwanziger Jahren in verschiedenen Expeditionen in den Dörfern der Region eingesammelt und vor der Zerstörung gerettet. Heute brauchen sie ein neues Zuhause. Das ehemalige Gotteshaus, das sie beherbergt, soll der russischen Kirche zurückgegeben werden. Aber sie brauchen meiner Meinung nach auch aus einem anderen Grund eine neue Heimat. Denn so, wie sie jetzt ausgestellt sind, sieht man ihnen an, dass sie aus ihrer vertrauten Umgebung, aus dem natürlichen Zusammenhang der Holzkirchen auf dem Land, aus deren Ikonostasen und Schreinen, gewaltsam entfernt wurden. Nackt und ungeschützt stehen sie da. Ein neues Museum müsste diese Entfremdung aufheben und den Figuren eine verständnisvolle Umgebung bieten, warm, voller Schatten, Licht und Tiefe.

Für das neue Permer Museum, die Permer Sammlung, haben wir eine besondere Raumstruktur entwickelt. So, wie ein Fluss zwischen Steinen mäandriert, bewegt man sich durch das langgestreckte Gebäude. Eine offene Ausstellungspassage führt zwischen den Volumen der geschlossenen Sammlungsräume hindurch. Die Passage bewegt sich hin und zurück, von der Stadtseite zur Flussseite. Hoch und fensterlos sind die Raumpartien auf der Seite der Stadt, sie erinnern an viele Kirchen, das Licht der Sonne dringt von oben ein; niedrig werden sie auf der gegenüberliegenden Seite, wo breite Fenster über die Wassermassen der Kama hinweg nach Norden in die Weite der russischen Landschaft blicken. Holz, so haben wir uns gedacht, müsste bei der Materialisierung der Ausstellungsräume eine wichtige Rolle spielen.

Das neue Museumsgebäude, in eine spannungsvolle topografische Situation zwischen Stadt und Flusslandschaft gesetzt, schillert gläsern. Der Solitär, gedacht als neuer Teil der Stadtsilhouette, wirkt ein wenig wie ein am Ufer vertäutes Schiff.

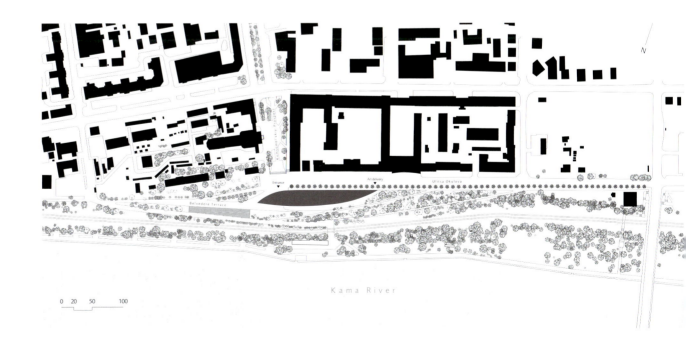

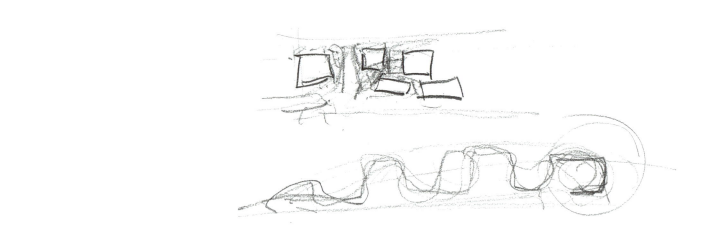

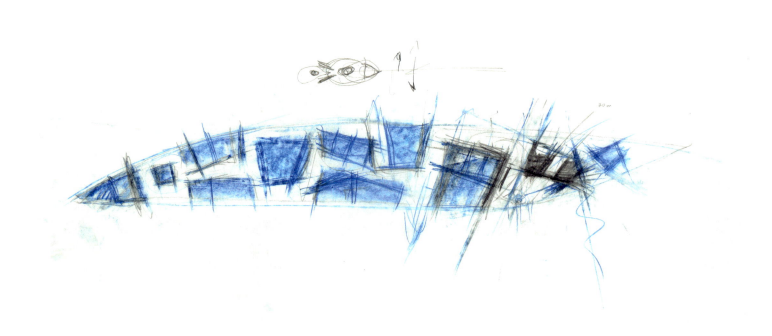

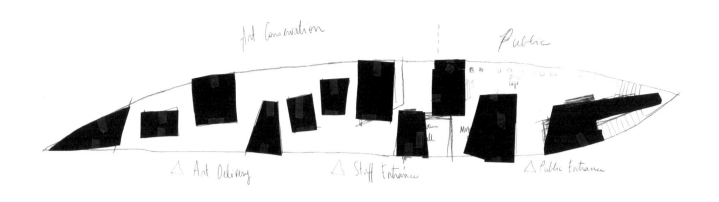

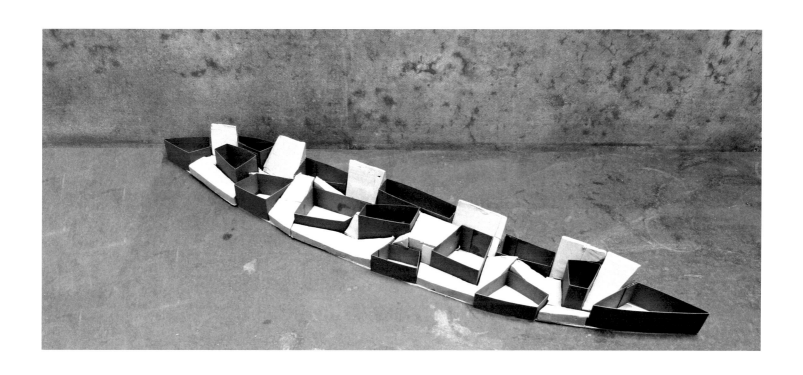

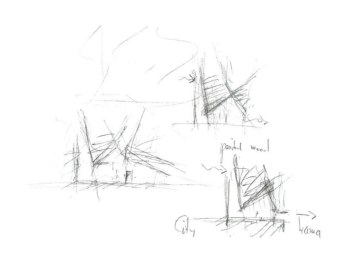

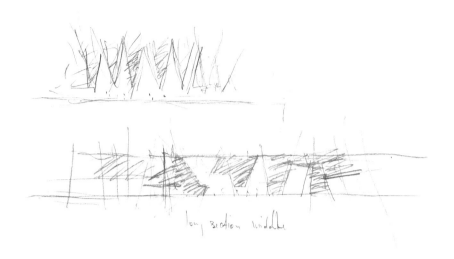

Werkverzeichnis 1968–2013

SAC Hütte Lämmern, Leukerbad, Wallis
Wettbewerbsentwurf 1968–1969

Wohnturm, Casti, Lumbrein, Graubünden
Projekt 1969, Ausführung 1970
Ausbau mittelalterlicher Wohnturm

Café Demont, Vella, Graubünden
Projekt 1970, Ausführung 1971
Umbau

Wohnhaus Dierauer, Haldenstein, Graubünden
Projekt 1975, Ausführung 1976

Haus Damur, Clugin, Graubünden
Projekt 1977, Ausführung 1978
Restaurierung und Ausbau historischer Saalhauskomplex

Gründung Atelier Zumthor 1978

Autobahnraststätte San Vittore, Graubünden
Wettbewerbsentwurf 1978

Kleine Zapfholdern, Reigoldswil, Basel-Landschaft
Projekt 1979, Ausführung 1979–1980
Ausbau Scheune

Kapelle St. Nikolaus und Valentin, Vattiz,
Graubünden
Restaurierung 1979–1982

Kreisschule Churwalden, Graubünden
Wettbewerb 1979, Projekt 1979–1982, Ausführung 1982–1983
Erweiterung
Mitarbeit und Bauleitung: Jürg Conzett; Tragwerksplanung:
Toni Cavigelli mit Walter Bieler; Kunst am Bau: Hannes Vogel

Mehrzweckhalle Untervaz, Graubünden
Wettbewerbsentwurf 1980

Maiensäss Bräm, Präz, Graubünden
Projekt 1980, Ausführung 1980–1981
Ersatzbau

Ferienhaus Urech, Obersaxen, Graubünden
Projekt 1981

Haus Räth, Doppelwohnhaus mit Kleinviehstall, Haldenstein,
Graubünden
Projekt 1981–1983, Ausführung 1983
Mitarbeit: Hansruedi Meuli und Marietta Walli;
Tragwerksplanung: Melcherts + Branger AG; Kunst am Bau:
Hannes Vogel

Mehrzweckgebäude Malix, Graubünden
Wettbewerb 1981, Projekt 1982–1985, Ausführung 1985–1986
Mitarbeit: Valentin Bearth (Bauleitung) und Jürg Conzett

Bündner Kunstmuseum Chur, Graubünden
Wettbewerb 1981, Projekt 1984–1987, Ausführung 1987–1989
Umbau Villa Planta und Sulserbau, Neubau Passerelle
Federführung in Arbeitsgemeinschaft mit Peter Calonder und
Hans-Jörg Ruch
Mitarbeit: Dieter Jüngling (Bauleitung), Jürg Conzett,
Andreas Hagmann und Marcel Liesch; Kunst am Bau: Hannes Vogel

Wohnhaus und Bäckerei Caminada, Vrin, Graubünden
Projekt Rohbau 1982–1984, Ausführung Eigenleistung Bauherr

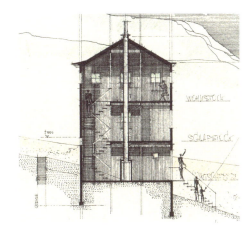

Wohnhaus Margadant, Haldenstein, Graubünden
Projekt 1983–1984, Ausführung 1984
Umbau
Mitarbeit und Bauleitung: Jürg Conzett; Tragwerksplanung:
Jürg Buchli

Arztpraxis Trepp/Bisaz, Chur, Graubünden
Umbau 1984
Mitarbeit und Bauleitung: Valentin Bearth

Dorfzentrum Haldenstein, Graubünden
Vorprojektstudie 1984

Ferienhaus Egloff, Tgamanada, Vrin, Graubünden
Projekt 1984

Gemeindezentrum Rueun, Graubünden
Wettbewerbsentwurf 1984
Mitarbeit: Valentin Bearth

Kirchgemeindehaus Savognin, Graubünden
Wettbewerbsentwurf 1984
Mitarbeit: Valentin Bearth, Hannes Vogel und Annalisa Zumthor-Cuorad

Kapelle St. Valentin, Puzzatsch, Vrin, Graubünden
Projekt 1984–1985, Ausführung 1985–1986
Restaurierung
Mitarbeit und Bauleitung: Valentin Bearth

Gemeindehaus Lumbrein, Graubünden
Projekt 1984–1986, Ausführung 1986–1987
Umbau historisches Bauernhaus
Mitarbeit und Bauleitung: Valentin Bearth; Tragwerksplanung:
Jürg Buchli

Saalbau Pontresina, Graubünden
Wettbewerbsentwurf 1985
Mitarbeit: Valentin Bearth

Wohnungsbau Bener-Areal, Chur, Graubünden
Wettbewerbsentwurf 1985
Mitarbeit: Valentin Bearth

Atelier Zumthor, Haldenstein, Graubünden
Projekt 1985–1986, Ausführung 1986
Mitarbeit: Reto Schaufelbühl; Tragwerksplanung: Jürg Conzett;
Ausmalung: Matias Spescha
*Band 1, Seite 15*

Schutzbauten für Ausgrabung mit römischen Funden, Chur,
Graubünden
Projekt 1985–1986, Ausführung 1986
Mitarbeit und Bauleitung: Reto Schaufelbühl; Tragwerksplanung:
Jürg Buchli
*Band 1, Seite 35*

Wohnhaus Fontana, Fidaz, Graubünden
Projekt 1985, Ausführung 1985–1986
Renovation und Ausbau
Mitarbeit und Bauleitung: Valentin Bearth

Kapelle Sogn Benedetg, Sumvitg, Graubünden
Wettbewerb 1985, Projekt 1985–1988, Ausführung 1988
Mitarbeit und Bauleitung: Valentin Bearth und Reto Schaufelbühl;
Geometrie: Jürg Conzett; Tragwerksplanung: Jürg Buchli;
Kunst am Bau: Jean Pfaff und Gieri Schmed
*Band 1, Seite 49*

Sporthalle Arosa, Graubünden
Wettbewerbsentwurf 1986
Mitarbeit: Valentin Bearth

157

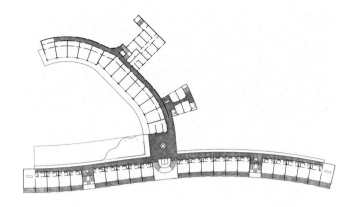

Hotel Therme und Thermalbad, Vals, Graubünden
Studienauftrag 1986, Projekt 1987
Erweiterung und Umbau
Mitarbeit Studienauftrag: Valentin Bearth; Mitarbeit Projekt:
Andreas Hagmann und Reto Schaufelbühl

Bahnhof Lugano, Tessin
Wettbewerbsentwurf 1987
Mitarbeit: Jürg Conzett, Andreas Hagmann, Dieter Jüngling und
Reto Schaufelbühl; Verkehrsingenieur: Peter Hartmann

Gartengasse Riehen, Basel-Stadt
Städtebaulicher Wettbewerbsentwurf 1987
Mitarbeit: Valentin Bearth und Reto Schaufelbühl

Gemeindezentrum im Ried, «Ramona», Landquart, Graubünden
Wettbewerbsentwurf 1987
Mitarbeit: Valentin Bearth, Andreas Hagmann und
Reto Schaufelbühl

Wohnsiedlung Spittelhof, Biel-Benken, Basel-Landschaft
Wettbewerb 1987, Projekt 1989–1995, Ausführung 1995–1996
Mitarbeit: Jürg Bumann (Projektleiter), Thomas Durisch,
Marion Klein und Marc Loeliger; Tragwerksplanung:
Ingenieurgemeinschaft Affentranger + Müller und Jürg Buchli
*Band 1, Seite 67*

Wohnhaus mit Ladengeschäft in der Altstadt von Zürich
Wettbewerbsentwurf 1988
Ersatzbau Rindermarkt 7
Mitarbeit: Andreas Hagmann und Dieter Jüngling
*Band 1, Seite 91*

Bahnhofgebiet Landquart, Graubünden
Gestaltungsstudie 1989
Mitarbeit: Andreas Kaupp

Ferienhotel des Schweizerischen Blindenbundes, Willerzell,
Schwyz
Wettbewerbsentwurf 1989
Mitarbeit: Andreas Hagmann, Dieter Jüngling und
Reto Schaufelbühl

Gewerbe- und Bürohaus Wettingen, Aargau
Projekt 1989
Mitarbeit: Andreas Hagmann und Claire Moore

Mehrfamilienhaus Burghalde, «Der reisende Krieger», Baden, Aargau
Wettbewerbsentwurf 1989
Mitarbeit: Andreas Hagmann, Dieter Jüngling, Marcel Liesch und
Reto Schaufelbühl

Mehrzweckgebäude Schulhaus Flond, Graubünden
Wettbewerbsentwurf 1989
Mitarbeit: Andreas Hagmann, Dieter Jüngling, Marcel Liesch und
Reto Schaufelbühl

Wohnhaus «an der Stadtmauer», Jochstrasse, Chur, Graubünden
Projekt 1989
Mitarbeit: Beate Nadler

Bergrestaurant und Bergstation Rothornbahn, «Steinway», Valbella,
Graubünden
Studienauftrag 1989–1990
*Band 1, Seite 99*

Wohnungen für Betagte, Masans, Chur, Graubünden
Wettbewerb 1989, Projekt 1989–1991, Ausführung 1991–1993
Mitarbeit: Martin Gautschi und Bruno Haefeli (Bauleitung),
Thomas Durisch, Rolf Gerstlauer, Inger Molne und Zeno Vogel;
Tragwerksplanung: Jürg Buchli; Bauphysik: Ferdinand Stadlin;
Mitarbeit Wettbewerbsentwurf Erweiterung bestehendes
Pflegeheim und Neubau Wohnungen für Betagte:
Dieter Jüngling, Andreas Hagmann, Marcel Liesch und
Reto Schaufelbühl
*Band 1, Seite 109*

Kunsthaus Bregenz, Österreich
Wettbewerb 1989, Projekt 1990–1995, Ausführung 1995–1997
Mitarbeit: Daniel Bosshard (Projektleiter Museumsgebäude),
Roswitha Büsser, Jürg Bumann, Katja Dambacher, Thomas Durisch
und Marlene Gujan, Thomas Kämpfer (Projektleiter Verwaltungs-
gebäude); Tragwerksplanung: Robert Manahl; Bauleitung:
Siegfried Wäger und Martin Zerlauth; Heizungs-, Lüftungs-,
Klimaplanung: Meierhans + Partner AG; Tageslichttechnik:
Hanns Freymuth; Mitarbeit Wettbewerbsentwurf: Dieter Jüngling,
Andreas Hagmann und Reto Schaufelbühl
*Band 1, Seite 131*

Wohnhaus und Atelier Schiesser, Chur, Graubünden
Um- und Ausbau 1990
Mitarbeit: Marcel Liesch (Bauleitung), Andreas Hagmann und
Dieter Jüngling

Wohnhaus Truog, Gugalun, Versam, Graubünden
Projekt 1990–1992, Ausführung 1992–1994
Erweiterung und Umbau
Mitarbeit und Bauleitung: Beat Müller und Zeno Vogel;
Tragwerksplanung: Jürg Conzett
*Band 2, Seite 7*

Therme Vals, Graubünden
Projekt 1990–1994, Ausführung 1994–1996
Mitarbeit: Marc Loeliger (Projektleiter), Thomas Durisch und
Rainer Weitschies; Tragwerksplanung: Ingenieurgemeinschaft
Jürg Buchli und Casanova + Blumenthal; Bauleitung: Franz Bärtsch;
Bauphysik: Ferdinand Stadlin; Heizungs-, Lüftungs-, Klimaplanung:
Meierhans + Partner AG; Wärmeerzeugung, Sanitär- und Bädertechnik:
Schneider Aquatec AG; Klanginstallation: Fritz Hauser
*Band 2, Seite 23*

Schlössli Thusis, Graubünden
Neugestaltung Küche 1991
Mitarbeit und Bauleitung: Beat Müller

Siedlungsformen für die Quartierplanung Cuncas, Sils im Engadin,
Graubünden
Wettbewerbsentwurf 1991
Mitarbeit: Thomas Durisch

Waffenplatz St. Luzisteig, Maienfeld, Graubünden
Projekt 1991
Gesamtkonzept für die Integration neuer Unterkunfts- und
Verpflegungsgebäude in die bestehende barocke Festungsanlage
Mitarbeit: Thomas Durisch und Rolf Gerstlauer

Quartierplan «Alte Brunnen», Igis, Landquart, Graubünden
Projekt 1991–1993
Mitarbeit: Beat Müller und Annette Ruf

Doppelwohnhaus Dim Lej, St. Moritz, Graubünden
Projekt 1992–1994
Mitarbeit: Thomas Durisch, Inger Molne und Bodil Reinhardsen

Eisbahngebäude Davos, Graubünden
Wettbewerbsentwurf 1992
Mitarbeit: Thomas Durisch

Topographie des Terrors, Internationales Ausstellungs- und
Dokumentationszentrum, Berlin, Deutschland
Wettbewerb 1993, Projekt 1993–2003
1997 gebaute Bauteile 2004 vom Land Berlin abgebrochen
Mitarbeit: Rainer Weitschies (Projektleiter), Gordian Blumenthal,
Thomas Durisch, Maurus Frei und Marlene Gujan; Tragwerksplanung:
Ingenieurgemeinschaft Jürg Buchli und Herbert Fink; Bauleitung:
BAL Büro Am Lützowplatz GbR; Bauphysik: Ferdinand Stadlin;
Heizungs-, Lüftungs-, Klimaplanung: Meierhans + Partner AG;
Mitarbeit Wettbewerbsentwurf: Jürg Bumann und Thomas Durisch
*Band 2, Seite 57*

Mehrfamilienhaus am Dorfrand, Jenins, Graubünden
Projekt 1994
Mitarbeit: Bodil Reinhardsen

Europäische Akademie Bozen, Italien
Wettbewerbsentwurf 1995
Mitarbeit: Maurus Frei, Marlene Gujan und Beat Müller

Schweizer Botschaft, Berlin, Deutschland
Studienauftrag 1995
Umbau und Erweiterung
Mitarbeit: Daniel Bosshard, Jürg Bumann, Thomas Kämpfer und
Rainer Weitschies

Spielcasino Lindau am Bodensee, Deutschland
Wettbewerbsentwurf 1995
Mitarbeit: Jürg Bumann, Maurus Frei, Marlene Gujan,
Thomas Kämpfer, Beat Müller und Rainer Weitschies

Wohnhäuser mit Atelier an der Krattenturmstrasse, Zürich
Projekt 1995
Mitarbeit: Thomas Kämpfer

Herz Jesu Kirche, München, Deutschland
Wettbewerbsentwurf 1996
Mitarbeit: Miguel Kreisler und Hannele Grönlund; liturgische Beratung:
Daniel Schönbächler OSB
*Band 2, Seite 81*

Lothar-Günther Buchheim Museum, Feldafing, Deutschland
Wettbewerbsentwurf 1996
Mitarbeit: Miguel Kreisler

Markthalle Färberplatz, Aarau, Aargau
Wettbewerbsentwurf 1996
Mitarbeit: Miguel Kreisler

Therme Vals und Hotel Therme Vals, Graubünden
Möbelentwürfe 1996–2005

Laban Centre for Movement and Dance, London, England
Wettbewerbsentwurf 1997
Zusammenarbeit mit Hannele Grönlund
Mitarbeit: Meritxell Vaquer i Fernàndez
*Band 2, Seite 91*

Lichtforum Zumtobel Staff, Zürich
Projekt 1997
Mitarbeit: Daniel Schmid und Miguela Tamo

Verlagsgebäude Nils Holger Moormann, Aschau im Chiemgau,
Deutschland
Projekt 1997
Mitarbeit: Marlene Gujan; Tragwerksplanung: Jürg Conzett

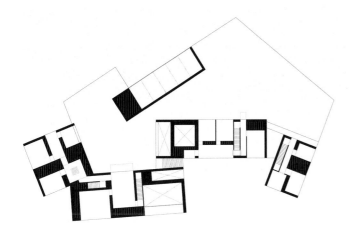

Villa in Küsnacht am Zürichsee
Projekt 1997
Mitarbeit: Meritxell Vaquer i Fernàndez

Wohnhaus auf dem Bäumlihofareal, Basel
Projekt 1997
Mitarbeit: Marlene Gujan

Klangkörper Schweiz, Schweizer Pavillon, Expo 2000 Hannover, Deutschland
Wettbewerb 1997, Projekt 1998–1999, Ausführung 2000
Mitarbeit: Rainer Weitschies (Projektleiter), Uta Janina Graff, Kirsi Leiman, Stephan Meier, Curdin Michael und Daniel Schmid; Kosten- und Terminplanung: Franz Bärtsch; Tragwerksplanung: Conzett Bronzini Gartmann AG; Kurator Wort: Plinio Bachmann; Kurator Klang: Daniel Ott; Kurator Gastronomie: Max Rigendinger; szenische Beratung: Karoline Gruber; Kuratorin Klangkörperkleidung: Ida Gut; Kommunikation: Lars Müller; Journalist und Autor: Peter Rüedi; Filmrealisator: Christoph Schaub; Mitarbeit Wettbewerbsentwurf: Daniel Bosshard
*Band 2, Seite 103*

Wohnhaus Luzi, Jenaz, Graubünden
Projekt 1997–2001 (erstes Projekt 1993–1995), Ausführung 2001–2002
Mitarbeit: Michael Hemmi (Projektleiter), Marlene Gujan, Simona Marugg, Curdin Michael, Daniel Schmid und Rainer Weitschies; Tragwerksplanung: Conzett Bronzini Gartmann AG
*Band 2, Seite 123*

Kolumba Kunstmuseum, Köln, Deutschland
Wettbewerb 1997, Projekt 1998–2003, Ausführung 2003–2007
Mitarbeit: Rainer Weitschies (Projektleiter), Mark Darlington, Reto Egloff, Mirco Elser, Rosário Gonçalves, Stephan Hausheer, Johannes Hunger, Oliver Krell, Simon Mahringer, Stephan Meier, Guy Muntwyler, Clemens Nuyken, Stefan Oeschger, Gian Salis, Daniel Schmid, Serge Schoemaker und Thomas Ziegler; Tragwerksplanung: Ingenieurgemeinschaft Jürg Buchli und Schwab & Partner; Heizungs-, Lüftungs-, Klimaplanung: Ingenieurbüro Gerhard Kahlert; Bauphysik: Ferdinand Stadlin; Hof- und Umgebungsgestaltung: Peter Zumthor mit Vogt Landschaftsarchitekten AG; Mitarbeit Wettbewerbsentwurf: Daniel Bosshard; Kupferdrucke: Peter Kneubühler
*Band 2, Seite 145*

Wohnhaus Burkard, Bachenbülach, Zürich
Projekt 1998
Mitarbeit: Miguel Kreisler

Poetische Landschaft, Bad Salzuflen, Deutschland
Projekt 1998–1999
Mitarbeit: Miguel Kreisler und Hannele Grönlund
*Band 3, Seite 7*

Under Bongert, Haldenstein, Graubünden
Quartierplan 1998–2000
Mitarbeit: Daniel Schmid

Wohnhaus Broggini, Vico Morcote, Tessin
Projekt 1998–2000
Mitarbeit: Miguel Kreisler

Haus Zumthor, Haldenstein, Graubünden
Projekt 1998–2003, Ausführung 2003–2005
Mitarbeit: Michael Hemmi (Projektleiter), Mirko Elser, Alexander Fthenakis, Stephan Hausheer, Pavlina Lucas, Csaba Tarsoly und Michele Vassella; Bauleitung: Franz Bärtsch; Tragwerksplanung: Conzett Bronzini Gartmann AG; Bauphysik: Ferdinand Stadlin; Heizungs- und Sanitärplanung: Hans Hermann
*Band 3, Seite 21*

Haus Schwarz, Chur, Graubünden
Projekt 1998–2005, Ausführung 2005–2006
Mitarbeit: Michele Vassella (Projektleiter), Stephan Hausheer,
Michael Hemmi und Pavlina Lucas; Bauleitung: Franz Bärtsch;
Tragwerksplanung: Conzett Bronzini Gartmann AG

Cloud Rock Wilderness Lodge, Moab, Utah, USA
Projekt 1999
Mitarbeit: Miguel Kreisler

Berghotel Tschlin, Graubünden
Projekt 1999–2002
Mitarbeit: Michael Hemmi, Miguel Kreisler, Pavlina Lucas
und Rainer Weitschies; Tragwerksplanung: Conzett Bronzini
Gartmann AG
*Band 3, Seite 47*

Hotel Therme Vals, Graubünden
Umbau- und Renovationsarbeiten 1999–2009
Blaue Halle, Roter Saal, «Provisorien», Stucco-Zimmer, Therme Laden,
Haus Selva
Mitarbeit: Rainer Weitschies (Projektmanager), Benjamin Bärtsch,
Stephan Hausheer, Philipp Imboden, Ruben Jodar, Miguel Kreisler,
Myriam Sterling, Florian van het Hekke und Michele Vassella

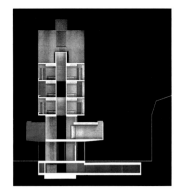

Cornell University, Departement of Architecture, Ithaca, New York, USA
Wettbewerbsentwurf 2000–2001
Mitarbeit: Mark Darlington, Reto Egloff, Michael Hemmi, Sofie Hoet,
Pavlina Lucas, Simona Marugg, Stephan Meier und Rainer Weitschies;
Tragwerksplanung: Conzett Bronzini Gartmann AG

I Ching Gallery, Dia Center for the Arts, Beacon, New York, USA
Projekt seit 2000
Mitarbeit: Frank Furrer, Pavlina Lucas, Ruben Jodar, Jesaias Kobelt,
Miguel Kreisler, Eibhlín Ní Chathasaigh und Rainer Weitschies;
Kunstwerk: 360° I Ching / 64 Sculptures, Walter de Maria; Heizungs-,
Lüftungs- und Klimaplanung: Ingenieurbüro Gerhard Kahlert;
Tragwerksplanung: Conzett Bronzini Gartmann AG; Tageslichttechnik:
Institut für Tageslichttechnik Stuttgart
*Band 3, Seite 63*

Louise Bourgeois Pavilion, Dia Center for the Arts, Beacon, New York,
USA
Projekt 2001–2003
Mitarbeit: Miguel Kreisler und Pavlina Lucas

Harjunkulma Apartment Building, Jyväskylä, Finnland
Projekt 2001–2004
Mitarbeit: Ivan Beer, Pekka Pakkanen, Csaba Tarsoly und
Rainer Weitschies; Tragwerksplanung: Conzett Bronzini Gartmann AG;
Klimakonzept: Ernst Basler + Partner AG
*Band 3, Seite 77*

JP Williams Residence, Bedford, New York, USA
Projekt 2001–2004
Mitarbeit: Pavlina Lucas

Hotel Therme Vals, Vision 2005, Graubünden
Projekt 2001–2005
Mitarbeit: Ruben Jodar, Miguel Kreisler, Giacomo Ortalli,
Michele Vassella, Gaëlle Verrier und Rainer Weitschies

Pingus Winery, Valbuena de Duero, Spanien
Projekt 2001–2005
Mitarbeit: Ruben Jodar, Miguel Kreisler und Pekka Pakkanen;
Tragwerksplanung: Conzett Bronzini Gartmann AG
*Band 3, Seite 93*

Feldkapelle Bruder Klaus, Wachendorf, Deutschland
Projekt 2001–2005, Ausführung 2005–2007
Mitarbeit: Frank Furrer (Projektleiter), Rosário Gonçalves,
Michael Hemmi, Ruben Jodar, Jesaias Kobelt, Niels Lofteröd,
Pavlina Lucas und Rainer Weitschies; Tragwerksplanung: Jürg Buchli
und Jung-Consult; Bleiboden: Dagmar und Miroslav Stransky;
Bronzefigur: Hans Josephsohn
*Band 3, Seite 109*

Erweiterungsbauten Pension Briol, Barbian-Dreikirchen, Italien
Projekt seit 2001
Mitarbeit: Lisa Barucco, Frank Furrer, Rosário Gonçalves,
Stephan Hausheer, Michael Hemmi, Maximilian Putzmann,
Rainer Weitschies, Christin Wüst und Annalisa Zumthor-Cuorad;
Tragwerksplanung: Conzett Bronzini Gartmann AG und Schrentewein &
Partner Srl
*Band 3, Seite 137*

Pfeffermühle
Hergestellt seit 2002 durch Alessi, Crusinallo di Omegna, Italien

Stadtcafé Tübingen, Deutschland
Projekt 2002
Mitarbeit: Rainer Weitschies

Galerie Bastian, Berlin, Deutschland
Studienauftrag 2002–2003
Mitarbeit: Pavlina Lucas und Rainer Weitschies
*Band 4, Seite 7*

Kronberg Academy, Konzertsaal, Kronberg im Taunus, Deutschland
Projekt 2002–2013
Mitarbeit: Rainer Weitschies

Redevelopment of De Meelfabriek, Leiden, Holland
Projekt seit 2002
Mitarbeit: Rainer Weitschies (Projektmanager), Ivan Beer,
Nick Brennan Lobo, Frank Furrer, Gertjan Groen, Philipp Imboden,
Daan Koch, Niels Lofteröd, Philippe Morel, Nikolai Müller,
Eibhlín Ní Chathasaigh, Giacomo Ortalli, Anna Page,
Julian von der Schulenburg, Louise Souter, Csaba Tarsoly,
Gaëlle Verrier, Annalisa Zumthor-Cuorad und Karol Zurawski
*Band 4, Seite 17*

Badehaus Gut Aabach, Risch, Zug
Projekt 2003–2005, Ausführung 2005–2006
Restaurierung und Umbau
Mitarbeit: Frank Furrer (Projektleiter), Gian Salis (Bauleitung),
Mirco Elser, Jesaias Kobelt, Simon Mahringer, Michele Vassella und
Rainer Weitschies; Tragwerksplanung: Conzett Bronzini Gartmann
AG; Bauphysik: Ferdinand Stadlin; Landschaftsarchitektur: Vogt
Landschaftsarchitekten AG; Heizungs- und Sanitärplanung:
Hans Hermann

Klanghaus Schwendisee, Unterwasser, St. Gallen
Projekt 2003–2009
Mitarbeit: Rainer Weitschies

Sommerrestaurant Insel Ufnau, Zürichsee, Schwyz
Projekt 2003–2011
Mitarbeit: Ambra Fabi, Stephan Hausheer, Nikolai Müller,
Guy Muntwyler, Gaëlle Verrier, Rainer Weitschies und
Annalisa Zumthor-Cuorad; Tragwerksplanung: Conzett Bronzini
Gartmann AG; Beratung Gastronomie: Max Rigendinger
*Band 4, Seite 35*

Ausbildungszentrum Gut Aabach, Risch, Zug
Projekt 2003–2013
Mitarbeit: Rainer Weitschies (Projektmanager), Tao Bärlocher, Duarte Brito, George Bunkall, Rico Bürkli, Marco Caminada, Frank Furrer, Philipp Imboden, Katarina Reinhold, Brigitta Ruff, Angelika Scheidegger, Julian von der Schulenburg, Gaëlle Verrier, Christin Wüst, Annalisa Zumthor-Cuorad und Karol Zurawski; Landschaftsarchitektur: Vogt Landschaftsarchitekten AG; Tragwerksplanung: Dr. Schwartz Consulting AG; Klimakonzept: Transsolar Energietechnik GmbH; Bauphysik: Zehnder & Kälin AG; Heizungs-, Lüftungs-, Klimaplanung: Aicher, De Martin, Zweng AG; Elektroplanung: Sytek AG; Brandschutz: Mario Fontana und Makiol + Wiederkehr
*Band 4, Seite 51*

Zinkminenmuseum Almannajuvet, Sauda, Norwegen
Projekt 2003–2012, Ausführung seit 2012
Mitarbeit: Maximilian Putzmann (Projektleiter), Lisa Barucco, Caroline Hammarström, Niels Lofteröd, Pavlina Lucas, Simon Mahringer, Sofia Miccichè, Stephan Schmid, Rainer Weitschies und Annalisa Zumthor-Cuorad; Tragwerksplanung: Finn-Erik Nilsen, Lauber Ingenieure, Jürg Buchli; Bauleitung: Inge Hoftun; Grafikdesign und Ausstellungskonzeption: Aud Gloppen
*Band 4, Seite 73*

Santa Giulia Church, Mailand, Italien
Projekt 2005
Mitarbeit: Ambra Fabi und Francesco Garutti

Parco Termale e Galleria Urbana, San Pellegrino, Italien
Projekt 2005–2006
Mitarbeit: Ivan Beer, Guy Muntwyler und Rainer Weitschies

Wohnüberbauung Güterareal, Luzern
Wettbewerbsentwurf 2005–2006
Mitarbeit: Mirco Elser, Frank Furrer, Rosário Gonçalves, Stephan Hausheer, Guy Muntwyler, Clemens Nuyken, Gian Salis, Serge Schoemaker, Katrien Vertenten und Rainer Weitschies; Tragwerksplanung: Conzett Bronzini Gartmann AG; Landschaftsarchitektur: Vogt Landschaftsarchitekten AG
*Band 4, Seite 91*

Zimmerturm Therme Vals, Graubünden
Projekt 2005–2012
Neubau Zimmerturm, Umbau Haupthaus und Haus Zerfreila
Mitarbeit: Ambra Fabi, Giacomo Ortalli, Gaëlle Verrier und Rainer Weitschies
*Band 4, Seite 109*

Haus Felber, Leis, Vals, Graubünden
Projekt 2006
Mitarbeit: Rosário Gonçalves

Oberhus und Unterhus, Leis, Vals, Graubünden
Projekt 2006–2008, Ausführung 2008–2009
Mitarbeit: Rosário Gonçalves (Projektleiterin), Lisa Barucco, Karina Bühler, Mengia Friberg, Simon Mahringer, Rainer Weitschies und Annalisa Zumthor-Cuorad; Tragwerksplanung: Jürg Buchli; Bauphysik: Ferdinand Stadlin; Heizungs- und Sanitärplanung: Hans Hermann; Kunst am Bau: Monika Bartholomé
*Band 4, Seite 121*

Hisham's Palace, House of Mosaics, Jericho, Palästinensische Autonomiegebiete
Projekt 2006–2010
Mitarbeit: Giacomo Ortalli, Gaëlle Verrier und Rainer Weitschies; Tragwerksplanung: Conzett Bronzini Gartmann AG
*Band 4, Seite 149*

Kolumba Kunstmuseum, Köln, Deutschland
Möbelentwürfe 2007

Haus Truffer, Leis, Vals, Graubünden
Projekt 2007–2008
Umbau
Mitarbeit: Karina Bühler und Peter Hutter

«Qualität Vals», Graubünden
Entwicklung des Produkts «Therme Vals und Hotel Therme Vals»
2007–2010
Mitarbeit: Rainer Weitschies und Annalisa Zumthor-Cuorad

Steilneset, Memorial to the Victims of the Witch Trials in the Finnmark, Vardø, Norwegen
Projekt 2007–2009, Ausführung 2009–2011
Mitarbeit: Rainer Weitschies (Projektmanager), Simon Mahringer (Projektleiter), Lisa Barucco, Francesco Garutti, Maximilian Putzmann, Gian Salis und Annalisa Zumthor-Cuorad; Bauleitung:
Simon Mahringer und Svein Tore Dørmaenen; Tragwerksplanung:
Finn-Erik Nilsen und Jürg Buchli; Grafikdesign: Aud Gloppen;
Kunstinstallation: Louise Bourgeois
*Band 4, Seite 163*

Masterplan Hotel Therme Vals, Graubünden
Projekt 2007–2012
Mitarbeit: Lisa Barucco, Ambra Fabi, Giacomo Ortalli, Gaëlle Verrier und Rainer Weitschies

Hadspen House Observatory, Somerset, England
Projekt 2008

Nomads of Atacama Hotel, San Pedro de Atacama, Chile
Projekt 2008–2010
Mitarbeit: Gaëlle Verrier (Projektleiterin), Ambra Fabi, Philipp Imboden, Giacomo Ortalli und Annalisa Zumthor-Cuorad; Tragwerksplanung:
Schlaich Bergermann & Partner
*Band 5, Seite 7*

Werkraumhaus Bregenzerwald, Andelsbuch, Österreich
Projekt 2008–2012, Ausführung 2012–2013
Mitarbeit: Rosário Gonçalves (Projektleiterin), Klemens Grund, Daan Koch, Jordi Vilardaga, Rainer Weitschies und Annalisa Zumthor-Cuorad; Bauleitung: Wolfgang Elmenreich;
Tragwerksplanung: Merz Kley Partner; Klimakonzept:
Ingenieurbüro Gerhard Kahlert mit e²-energieberatung GmbH und Planungsteam E-Plus; Bauphysik: Erich Reiner; Raumakustik:
Strauss Elektroakustik GmbH
*Band 5, Seite 25*

Chivelstone House, Devon, England
Projekt seit 2008
Mitarbeit: Rainer Weitschies (Projektmanager), Duarte Brito, George Bunkall, Marco Caminada, Ambra Fabi, Klemens Grund, Iris Hilton, Anna Page, Brigitta Ruff, Petra Stiermayr, Jordi Vilardaga, Christin Wüst und Annalisa Zumthor-Cuorad;
örtliche Bauleitung: Mole Architects; Tragwerksplanung:
Jane Wernick Associates; Bauphysik und Klimakonzept: Transsolar Energietechnik GmbH; Haustechnik: Integration; Raumakustik:
Strauss Elektroakustik GmbH
*Band 5, Seite 43*

Los Angeles County Museum of Art, LACMA, Building for the Permanent Collection, Los Angeles, Kalifornien, USA
Projekt seit 2008
Mitarbeit: Karolina Slawecka (Projektleiterin), Armina Alexandru, Ambra Fabi, Cecilia Marzullo, Sofia Miccichè, Eibhlín Ní Chathasaigh, Giacomo Ortalli, Annika Staudt, Gaëlle Verrier und Annalisa Zumthor-Cuorad; Tragwerksplanung: Schlaich Bergermann & Partner;
Klimakonzept: Transsolar Energietechnik GmbH
*Band 5, Seite 61*

Viewing Platform Lahti, Finnland
Projekt seit 2008
Mitarbeit: Ambra Fabi, Sarah Heidborn und Annika Staudt;
Tragwerksplanung: Jürg Buchli

Gründung Atelier Peter Zumthor & Partner AG mit Rainer Weitschies
2009

Wegbeleuchtung Vals, «Sentiero di Vals»
Hergestellt 2009 durch Viabizzuno, Bentivoglio, Italien

Kunstmuseum Basel
Wettbewerbsentwurf 2009
Erweiterung
Mitarbeit: Rosário Gonçalves, Gertjan Groen, Daan Koch,
Nikolai Müller, Giacomo Ortalli, Anna Page, Giovanni Petrolito,
Maximilian Putzmann, Annika Staudt, Gaëlle Verrier, Rainer Weitschies
und Annalisa Zumthor-Cuorad; Tragwerksplanung: Jürg Buchli;
Bauphysik: Ferdinand Stadlin; Klimakonzept: Ingenieurbüro
Gerhard Kahlert und $e^2$-energieberatung GmbH; Lichtplanung:
Reflexion AG; Kostenplanung: Caretta & Weidmann
Baumanagement AG

Neues Stadttor Isny, Bühne und Café, Isny im Allgäu, Deutschland
Projekt 2009–2012
Mitarbeit: Nikolai Müller, Annika Staudt, Barbara Soldner, Rainer
Weitschies und Annalisa Zumthor-Cuorad; Tragwerksplanung:
Dr. Schwartz Consulting AG; Klimakonzept: Transsolar
Energietechnik GmbH
*Band 5, Seite 79*

Al-Rayyan Neighbourhood Development, Doha, Katar
Projekt seit 2009
Mitarbeit: Ambra Fabi, Giacomo Ortalli und Gaëlle Verrier

Theatereinbau Burg Riom Origen, Riom, Graubünden
Projekt seit 2009
Mitarbeit: Giacomo Ortalli (Projektleiter), Jann Erhard, Iris Hilton,
Gaëlle Verrier, Rainer Weitschies und Annalisa Zumthor-Cuorad;
Tragwerksplanung: Conzett Bronzini Gartmann AG; Klimakonzept:
Transsolar Energietechnik GmbH; Bühnentechnik: Ernst J. Schulthess
Planungsgruppe AB
*Band 5, Seite 95*

House of Seven Gardens, Doha, Katar
Projekt seit 2009
Mitarbeit: Ivan Beer, Ambra Fabi, Pavlina Lucas,
Sofia Miccichè, Giacomo Ortalli und Gaëlle Verrier;
Fachplanung: Arup Engineers
*Band 5, Seite 107*

Kangia Icefjord Station, Illulissat, Grönland
Projekt seit 2009
Mitarbeit: Annalisa Zumthor-Cuorad

Musikhotel in den Bergen, Braunwald, Glarus
Projekt seit 2009
Mitarbeit: Iris Hilton, Barbara Soldner und Annalisa Zumthor-Cuorad

Maguire House, Westwood, Los Angeles, Kalifornien, USA
Projekt seit 2009
Mitarbeit: Karolina Slawecka (Projektleiterin), Armina Alexandru,
Ambra Fabi, Eibhlín Ní Chathasaigh, Cecilia Marzullo, Anna Page,
Petra Stiermayr und Annalisa Zumthor-Cuorad

Glasgefässe
Projekt seit 2010 für Alessi, Crusinallo di Omegna, Italien
Mitarbeit: Iris Hilton, Sofia Miccichè und Annalisa Zumthor-Cuorad

Landschaftshotel Alp Bidanätsch, Vals, Graubünden
Projekt 2010–2011
Mitarbeit: Ivan Beer, Petra Stiermayr und Annalisa Zumthor-Cuorad

Serpentine Gallery Pavilion, London, England
Projekt 2010–2011, Ausführung 2011
Mitarbeit: Anna Page (Projektleiterin), Klemens Grund,
Petra Stiermayr und Annalisa Zumthor-Cuorad; Tragwerksplanung,
Licht und Brandschutz: Arup Engineers; Gartengestaltung:
Piet Oudolf
*Band 5, Seite 123*

Quartiergestaltungsplan Süsswinkel, Haldenstein, Graubünden
Projekt 2010–2012
Mitarbeit: Marco Caminada

Türmlihus, Leis, Vals, Graubünden
Projekt 2010–2012, Ausführung 2013
Mitarbeit: Samuel Smith (Projektleiter), Marco Caminada,
Mengia Friberg, Rosário Gonçalves, Brigitta Ruff und
Rainer Weitschies; Tragwerksplanung: Giachen Blumenthal und
Jon Andrea Könz; Bauphysik: Martin Kant; Sanitär- und
Heizungsplanung: Hesaplan AG; Kunst am Bau: Monika Bartholomé

Haus am Dorfplatz, Haldenstein, Graubünden
Projekt seit 2010
Mitarbeit: Gertjan Groen, Eibhlín Ní Chathasaigh, Brigitta Ruff,
Karolina Slawecka und Annalisa Zumthor-Cuorad

Nowy Teatr Kielce, Polen
Projekt seit 2010
Mitarbeit: Karol Zurawski

Perm State Art Gallery, Perm, Russland
Projekt seit 2010
Mitarbeit: Ivan Beer, Eibhlín Ní Chathasaigh, Marion Dufat,
Benjamin Groothuijse, Iris Hilton, Sofia Miccichè, Karolina Slawecka
und Karol Zurawski
*Band 5, Seite 139*

Neubau Atelier Süsswinkel 17, Haldenstein, Graubünden
Projekt 2011–2013, Ausführung 2013–2014
Mitarbeit: Rico Bürkli, Marco Caminada, Rosário Gonçalves,
Gertjan Groen, Brigitta Ruff, Annika Staudt und Rainer Weitschies;
Tragwerksplanung:
Plácido Pérez; Bauphysik: Martin Kant; Klimakonzept: Transsolar
Energietechnik GmbH; Heizungs-, Lüftungs-, Sanitärplanung:
Willi Haustechnik AG

Temporärer Konzertraum ECM, Haus der Kunst, München, Deutschland
Projekt 2012
Mitarbeit: Karolina Slawecka (Projektleiterin), Eibhlín Ní Chathasaigh
und Jordi Vilardaga; Klimakonzept: Transsolar Energietechnik GmbH;
Raumakustik: Strauss Elektroakustik GmbH

Los Angeles County Museum of Art (LACMA), Museum House,
Los Angeles, Kalifornien, USA
Projekt seit 2013
Mitarbeit: Eibhlín Ní Chathasaigh und Karolina Slawecka

Texte von Peter Zumthor

*Vrin, Lugnez. Siedlungsinventar Graubünden,* unter Mitarbeit von Johanna Strübin Rindlisbacher et al., Kantonale Denkmalpflege Graubünden, Chur 1976

*Vicosoprano. Entwicklung eines gestalterischen Grundgerüstes für eine Bauzone mit privaten Einfamilienhäusern am Dorfrand: Fallbeispiel,* Baugestaltung in den Regionen, Bündner Vereinigung für Raumplanung, Chur 1980

*Dorfplatz Vrin. Vorschläge zur Pflege und Sanierung der historischen Bausubstanz,* Haldenstein 1981

*Siedlungs-Inventarisation in Graubünden. Aufgabenstellung und Methode des Bündner Siedlungsinventares, mit Inventar Castasegna,* Kantonale Denkmalpflege Graubünden, Chur 1981

*Neues Bauen im alpinen Kontext,* mit Dorothee Huber, Separatdruck aus *Unsere Kunstdenkmäler* 35/1984, Heft 4, hrsg. von Gesellschaft für Schweizerische Kunstgeschichte, Bern 1984

*Partituren und Bilder. Architektonische Arbeiten aus dem Atelier Peter Zumthor, 1985–1988,* Fotografien von Hans Danuser, Ausstellungskatalog Architekturgalerie Luzern (2.–23. Oktober 1988), Haus der Architektur Graz (27. Juli – 18. August 1989), Architekturgalerie Luzern, Luzern 1988, 2. Auflage 1994

*Architekturworkshop 1989. Peripherie, 27.7.–16.3.,* hrsg. von Haus der Architektur Graz, Leuschner & Lubensky, Graz 1989

*Eine Anschauung der Dinge. Über die Sprache der Architektur,* Haldenstein 1992 [der Text wurde ohne Abbildungen in *Architektur denken* wieder abgedruckt]

*Kunsthaus Bregenz – Versuch, einen noch nicht abgeschlossenen Entwurf einmal mehr zu Ende zu denken,* in: Uta Brandes, Kunst im Bau, hrsg. von Kunst- und Ausstellungshalle der Bundesrepublik Deutschland, Schriftenreihe Forum, Band 1, Steidl, Göttingen 1994, S. 106–111

*Stabwerk. Internationales Besucher- und Dokumentationszentrum «Topographie des Terrors», Berlin,* Ausstellungskatalog Aedes, Galerie und Architekturforum (6. Dezember 1995 – 4. Februar 1996), Aedes, Berlin 1995

*Thermal Bath at Vals,* Ausstellungskatalog Architectural Association London (16. Februar – 22. März 1996), Exemplary Projects 1, Architectural Association, London 1996

*Der Neubau des Erzbischöflichen Diözesanmuseums. Gedanken zum Entwurf,* in: Kolumba. Ein Architekturwettbewerb in Köln 1997, hrsg. von Erzbischöfliches Diözesanmuseum Köln, Walther König, Köln 1997, S. 126–127

*Drei Konzepte. Thermalbad Vals, Kunsthaus Bregenz, «Topographie des Terrors» Berlin,* Ausstellungskatalog Architekturgalerie Luzern (28. September – 2. November 1997), hrsg. von Edition Architekturgalerie Luzern, Birkhäuser, Basel/Boston/Berlin 1997
*Three concepts,* Birkhäuser, Basel/Boston/Berlin 1997 [engl.]

*Kunsthaus Bregenz,* Texte von Peter Zumthor und Friedrich Achleitner, Fotografien von Hélène Binet, hrsg. von Edelbert Köb und Kunsthaus Bregenz, archiv kunst architektur, Werkdokumente, Gerd Hatje, Stuttgart 1997

*A Way of Looking at Things,* in: Peter Zumthor, hrsg. von Nobuyuki Yoshida, Texte von Friedrich Achleitner, Hiroshi Nakao und Peter Zumthor, Fotografien von Shigeo Ogawa, a+u Publishing, Tokio 1998, Sonderdruck Februar 1998, S. 6–25 [engl., jap.]

*Peter Zumthor – Häuser, 1979–1997,* Fotografien von Hélène Binet, Lars Müller, Baden 1998, 2. Auflage Birkhäuser, Basel/Boston/Berlin 1999
*Peter Zumthor – Works. Buildings and projects 1979–1997,* Lars Müller, Baden 1998, 2. Auflage Birkhäuser, Basel/Boston/Berlin 1999 [engl.]

*Wörter, Häuser, Gegend. Zur Gestaltung der Poetischen Landschaft,* in: Poetische Landschaft – Die Orte der Gedichte, Texte von Amanda Aizpuriete et al., hrsg. von Brigitte Labs-Ehlert und Peter Zumthor, Literaturbüro Ostwestfalen-Lippe / Der Regionale Heilgarten, Bad Salzuflen 1999

*Klangkörperbuch. Lexikon zum Pavillon der Schweizerischen Eidgenossenschaft an der Expo in Hannover,* mit Plinio Bachmann et al., hrsg. von Roderick Hönig, Birkhäuser, Basel/Boston/Berlin 2000
*Swiss sound box. A Handbook for the Pavilion of the Swiss Confederation at Expo 2000 in Hanover,* Birkhäuser, Basel/Boston/Berlin 2000 [engl.]
*Corps sonore suisse. Lexique du pavillon de la Confédération helvétique pour l'Expo 2000 à Hanovre,* Birkhäuser, Basel/Boston/Berlin 2000 [frz.]

*Häuser für Gedichte,* in: Wer Eile hat, verliert seine Zeit. Raum für Sprache, Raum für Literatur. Die Poetische Landschaft. IX. Literaturbegegnung Schwalenberg 2001, hrsg. von Brigitte Labs-Ehlert, Literaturbüro Ostwestfalen-Lippe, Detmold 2001, S. 79–85

*Make it typical! A small atlas of architectural atmosphere,* hrsg. von Atelier Zumthor und Accademia di architettura, Accademia di architettura, Mendrisio 2005

*Ciao Chiasso. Interventi per la doppia periferia,* hrsg. von Atelier Zumthor und Accademia di architettura, Accademia di architettura, Mendrisio 2005

*Zumthor. Spirit of Nature Wood Architecture Award 2006,* hrsg. von Wood in Culture Association, Rakennustieto Oy, Helsinki 2006, 2. Auflage 2007

*Wieviel Licht braucht der Mensch, um leben zu können, und wieviel Dunkelheit? – Di quanta luce ha bisogno l'uomo per vivere e di quanta oscurità?,* Peter Zumthor, Ivan Beer et al., hrsg. von Accademia di architettura dell'Università della Svizzera italiana, Studies on Alpine History, Band 3 (Nationales Forschungsprogramm 48 «Landschaften und Lebensräume der Alpen»), Vdf Hochschulverlag an der ETH Zürich, Zürich 2006

*Zwischen Bild und Realität,* Peter Noever, Ralf Konersmann und Peter Zumthor, Architekturvorträge der ETH Zürich, Heft 2, gta Verlag, Zürich 2006

*Atmosphären. Architektonische Umgebungen – Die Dinge um mich herum,* Birkhäuser, Basel/Boston/Berlin 2006
*Atmospheres. Architectural environments – Surrounding objects,* Birkhäuser, Basel/Boston/Berlin 2006 [engl.]
*Atmósferas. Entornos arquitectónicos – Las cosas a mi alrededor,* G. Gili, Barcelona 2006, 2. Auflage 2009 [span.]
*Atmosferas. Entornos arquitectónicos – As coisas que me rodeiam,* G. Gili, Barcelona 2006, 2. Auflage 2009 [port.]
*Atmosfere. Ambienti architettonici. Le cose che ci circondano,* Electa, Mailand 2007 [ital.]
*Atmosphères. Environnements architecturaux. Ce qui m'entoure,* Birkhäuser, Basel/Boston/Berlin 2008 [franz.]

*Peter Zumthor Therme Vals,* Texte von Sigrid Hauser und Peter Zumthor, Fotografien von Hélène Binet, Scheidegger & Spiess, Zürich 2007
*Peter Zumthor Therme Vals,* Scheidegger & Spiess, Zürich 2007, 2. Auflage 2008, 3. Auflage 2011 [engl.]
*Peter Zumthor Therme Vals,* Infolio, Gollion 2007 [franz.]

*In der Lehre,* in: Neue Zürcher Zeitung, Nr. 68, 22./23. März 2008, S. B2 (Literatur und Kunst)

*Architektur denken,* Lars Müller, Baden 1998, Nachdruck 1999, 2., erweiterte Ausgabe Birkhäuser, Basel/Boston/Berlin 2006, 3., nochmals erweiterte Ausgabe Birkhäuser, Basel/Boston/Berlin 2010
*Thinking architecture,* Lars Müller, Baden 1998, 2., erweiterte Ausgabe Birkhäuser, Basel/Boston/Berlin 2006, 3., nochmals erweiterte Ausgabe Birkhäuser, Basel/Boston/Berlin 2010 [engl.]
*Penser l'architecture,* Birkhäuser, Basel/Boston/Berlin 2008, 2., erweiterte Ausgabe 2010 [franz.]
*Pensar la arquitectura,* G. Gili, Barcelona 2004, 2., erweiterte Ausgabe 2009 [span.]
*Pensar a arquitectura,* G. Gili, Barcelona 2005, 2., erweiterte Ausgabe 2009 [port.]
*Pensare architettura,* Lars Müller, Baden 1998, 2., erweiterte Ausgabe Electa, Mailand 2003, Nachdruck 2004 [ital.]
*Misliti arhitekturu,* AGM, Zagreb 2003 [kroat.]
*Promýšlet architekturu,* Archa, Zlín 2009 [tschech.]
*Myślenie architekturą,* Karakter, Krakau 2010 [poln.]
建築を考える *(Kenchiku o kangaeru),* Misuzu Shobo, Tokio 2012, Sonderausgabe 2013 [jap.]

*Hommage für Duri und Clara,* in: Graubünden im Bild. Die Fundaziun Capauliana, hrsg. von Marco Obrist, Chur 2003, S. 139–143 (wieder abgedruckt in: Peter Egloff, Der Bischof als Druide. Berichte aus Graubünden, mit einem Nachwort von Köbi Gantenbein, Desertina, Chur 2013, S. 173–179)

*Das Haus,* Tony Fretton, Peter Zumthor und Roger Diener, Architekturvorträge der ETH Zürich, Heft 9, gta Verlag, Zürich 2010

*Erste Häuser, erste Räume,* in: Das Haus. Ein Bericht, Text von Walter Morgenthaler, Fotografien von Ute Schendel, Vexer, St. Gallen 2011, S. 5–6

*Steilneset minnested. Til minne om de trolldomsdømte i Finnmark / Steilneset Memorial. To the Victims of the Finnmark Witchcraft Trials,* Louise Bourgeois und Peter Zumthor, Forlaget Press in Zusammenarbeit mit The Norwegian Public Roads Administration, National Tourist Routes in Norway, Oslo 2011

*Peter Zumthor. Hortus Conclusus. Serpentine Gallery Pavilion 2011,* hrsg. von Sophie O'Brien et al., Ausstellungskatalog Serpentine Gallery, London (1. Juli – 16. Oktober 2011), Koenig Books, London 2011

*Die Architektur und ihr Transfer in den Bild-Raum, ausgehend vom gemeinsamen Projekt «Partituren und Bilder», sowie Gedanken zu Darstellungsmöglichkeiten von Architektur,* in: Die Neuerfindung der Fotografie. Materialien und Analysen sowie Gespräche von Hans Danuser mit Bettina Gockel, Reto Hänny, Philip Ursprung und Peter Zumthor, hrsg. von Bettina Gockel und Hans Danuser, Studies in Theory and History of Photography, Band 4, Walter de Gruyter, Berlin 2014

Biografie

Peter Zumthor, geboren 1943, aufgewachsen in Oberwil bei Basel. Nach der Ausbildung zum Möbelschreiner Studium von Innenarchitektur, Design und Architektur an der Kunstgewerbeschule Basel und am Pratt Institute in New York. Zehn Jahre lang Mitarbeit bei der Denkmalpflege des Kantons Graubünden. Seit 1978 eigenes Architekturbüro in Haldenstein, Schweiz. 1996–2008 Professor an der Accademia di Architettura der Università della Svizzera italiana, Mendrisio. Gastprofessor an verschiedenen Universitäten, u.a. an der Harvard Graduate School of Design.
Peter Zumthor hat zahlreiche Preise erhalten, darunter die weltweit wichtigsten Auszeichnungen für Architektur: den Mies van der Rohe Award for European Architecture (1998), den japanischen Praemium Imperiale (2008), den Pritzker Architecture Prize (2009), die Ernennung zum Foreign Honorary Member of the American Academy of Arts and Sciences (2009) und die Royal Gold Medal des Royal Institute of British Architects (2012).

Mitarbeitende 1985–2013

David Agudo, Jämy Ahadi, Armina Alexandru, Timo Allemann, Logan Allen, Kevin Barden, Tao Bärlocher, Benjamin Bärtsch, Lisa Barucco, Valentin Bearth, Ivan Beer, Katharina Benjamin, Jean Besson, Amalie Bleibach, Gordian Blumenthal, Daniel Bosshard, Katja Bräunig, Nick Brennan Lobo, Duarte Brito, Karina Bühler, Jürg Bumann, George Bunkall, Rico Bürkli, Roswitha Büsser, Bea Calzaferri Gianotti, Marco Caminada, Nicole Caminada, Laura Claire Cannon, Rosinda Casais, Susanne Ciseri, Conradin Clavuot, Göri Clavuot, Marisia Conn, Margrith Contesse-Truog, Jürg Conzett, Jaume Crespi Quintana, Paul Curschellas, Claudine Dällenbach, Katja Dambacher, Mark Darlington, Iris Dätwyler, Séverin De Courten, Magdalena Decurtins-Stecher, Andrea Deplazes, Remo Derungs, Ruth Desax Ba, Tom Dowdall, Marion Dufat, Thomas Durisch, Jadranka Dzinic, Reto Egloff, Thale Eidheim, Murat Ekinci, Mirco Elser, Tiziana Epifani, Jann Erhard, Ambra Fabi, Felipe Fankhauser, Donatella Fioretti, Sophie Frank, Maurus Frei, Mengia Friberg, Ueli Frischknecht, Alexander Fthenakis, Frank Furrer, Francesco Garutti, Joan Gaudin, Martin Gautschi, Thomas Gebert, Rolf Gerstlauer, Janna Göldi, Rosário Gonçalves, Uta Janina Graff, Joos Gredig, Gertjan Groen, Benjamin Groothuijse, Klemens Grund, Marlene Gujan, Bruno Haefeli, Andreas Hagmann, Caroline Hammarström, Mads Hansen, Gideon Hartmann, Stephan Hausheer, Sarah Heidborn, Michael Hemmi, Iris Hilton, Carolin Hinne, Stefanie Hitz, Sofie Hoet, Stefan Höhn, Matthew Howell, Johannes Hunger, Peter Hutter, Philipp Imboden, Miriam Janssen, Matthew Jarvis, Johann Gaudenz Jehli, Ruben Jodar, Franco Joos, Rodrigo Jorge, Dieter Jüngling, Thomas Kämpfer, Eva Maria Kampichler, Andreas Kaupp, Thomas Keller, Wolfram Kill, Ki Jun Kim, Marion Klein, Jesaias Kobelt, Daan Koch, Bence Kollar, Miguel Kreisler, Oliver Krell, Nora Küenzi, Nathalie Kupferschmid, Bettina Lareida, Kirsi Leiman, Marcel Liesch, Marc Loeliger, Niels Lofteröd, Bernardo Lopes, Fadwa Louhichi, Pavlina Lucas, Simon Mahringer, Nina Mampel, Simona Marugg, Cecilia Marzullo, Edith Meier, Paul Meier, Stephan Meier, Hansruedi Meuli, Sofia Miccichè, Curdin Michael, Inger Molne, Claire Moore, Philippe Morel, Beat Müller, Nikolai Müller, Guy Muntwyler, Beate Nadler, Eibhlín Ní Chathasaigh, Humberto Nobrega, Thomas Nussbaumer, Clemens Nuyken, Stefan Oeschger, Giacomo Ortalli, Hannes Oswald, Urs Padrun, Anna Page, Suzi Pain, Pekka Pakkanen, Sebastian Pater, Gerold Perler, Giovanni Petrolito, Nicola Polli, Gabriel Pontoizeau, Ricardo Prata, Maximilian Putzmann, Carla Rada, Bettina Rageth Koch, Placidus Rageth, Jürg Ragettli, Estela Rahola Matutes, Chömbey Rawog, Benedikt Redmann, Joe Redpath, Claudia Regli, Bodil Reinhardsen, Katarina Reinhold, Nils Rostek, Annette Ruf, Brigitta Ruff, Esa Ruskeepää, Reto Ryffel, Gian Salis, Marcel Santer, Colin Schälli, Reto Schaufelbühl, Angelika Scheidegger, Enrica Schett Seglias, Christa Schmid Hartmann, Daniel Schmid, Olivia Schmid, Stephan Schmid, Martina Schoch, Serge Schoemaker, Julian von der Schulenburg, Rolf Schulthess, Emily Scott, Riccardo Signorell, Doris Sisera, Mario Sisera, Karolina Slawecka, Samuel Smith, Barbara Soldner, Astrid Sonder, Louise Souter, Annika Staudt, Thomas Steiner, Myriam Sterling, Petra Stiermayr, Melanie Stocker, Femke Stout, Kathrin Suter, Tanja Sutter, Miguela Tamo, Csaba Tarsoly, Francesca Torzo, Damir Trakic, Karin Tscholl, Florian van het Hekke, Meritxell Vaquer i Fernàndez, Maria Varela, Michele Vassella, Louise Vergnaud, Gaëlle Verrier, Katrien Vertenten, Jordi Vilardaga, Raoul Vleugels, Zeno Vogel, Urs Vogt, Burga Walli, Marietta Walli, Rainer Weitschies, Claude-Pascal Wieser, Christin Wüst, Thomas Ziegler, Caesar Zumthor, Karol Zurawski

Die Arbeit von vielen

Das Planen und Bauen von Gebäuden ist die Arbeit von vielen. Ein grosses Gebäude zu erfinden, in allen seinen Teilen zu verstehen und zu planen, die Regeln der Baukunst, den Stand der Technik, die herrschenden Vorschriften zu beachten und dann schliesslich das Bauwerk aus tausenden von Einzelteilen an Ort und Stelle zusammenzufügen und aufzubauen, beschäftigt schnell einmal hunderte von Personen. Als Architekt bin ich in diesem Prozess Komponist und Dirigent zugleich. Ich erfinde das Werk und gestalte es. Ich schreibe die architektonische Komposition und leite ihre Aufführung.

Ich verstehe meine Rolle als Architekt im klassischen Sinne. Ich bestimme die Form meines Werkes, ich verantworte sie und zeichne dafür als Autor. So habe ich zwar das letzte Wort und treffe am Schluss die Entscheidungen, aber nicht ohne viele Male und immer wieder die Meinung anderer eingeholt zu haben. Ich arbeite partnerschaftlich, ich leite ein Team. Ein gutes Bauwerk entsteht aus dem Wissen und Können von vielen.

Ich brauche Auftraggeber, die mit mir ein Gebäude von Grund auf entwickeln wollen, weil sie daran glauben, dass auf diese Weise besondere architektonische Werte entstehen und es sich lohnt, diesen Weg gemeinsam zu gehen. Ich brauche Kolleginnen und Kollegen, Fachleute, die mit mir planen, konstruieren und zeichnen. Ich brauche Gesprächspartner, die mit mir über meine Entwürfe reden, die kritisieren und loben, die Verantwortung übernehmen und bereit sind, etwas von ihrem Denken und ihrem Talent in meine Projekte zu investieren. Und wenn wir zu bauen beginnen, werden die Leute, auf deren Mitarbeit ich angewiesen bin, Legion: Ingenieure, Bauleiter, Handwerker und Facharbeiter, welche die vielen Produkte und Bauteile herstellen, die wir für unsere Gebäude brauchen. Ohne diese Menschen geht nichts.

Ich liebe das Fachgespräch mit einem guten Ingenieur, einem wachen Handwerker, einem erfahrenen Bauleiter – sie sind Spezialisten und verstehen im einzelnen Fall vom Konstruieren und Bauen mehr als ich, der Generalist. Ich liebe es, ihnen meine architektonischen Ideen vorzustellen und gemeinsam Antworten zu finden auf die Fragen, die das Projekt stellt. Sind diese Fachgespräche erfolgreich, verändert sich mein Entwurf. Er wird konkret und gewinnt die besonderen Konturen der Qualität, die vom Machen kommen.

Jetzt, wo ich auf viele Projekte und Häuser zurückschaue, spüre ich sie wieder, die vielen Menschen, die mir geholfen haben, meine Ideen zu entwickeln und meine Gebäude zu verwirklichen. Ich danke den Ingenieuren und Fachleuten, von deren Intelligenz meine Bauten und Entwürfe profitiert haben.

Ich denke mit Respekt an die vielen Handwerker und Bauarbeiter, die meine
Gebäude mit viel praktischem Verstand und dem Geschick ihrer Hände
gebaut haben. Ich bedanke mich bei Rainer Weitschies, meinem Partner, der
mich seit zwanzig Jahren unterstützt und dafür sorgt, dass die Qualität
unserer Entwürfe im Prozess des Bauens erhalten bleibt. Ich bedanke mich bei
Hannele Grönlund. Ihr instinktsicherer Umgang mit Farbe und ihr Sinn
für die Schönheit der Formen haben mich beeindruckt. Ich danke den weit über
zweihundert Mitarbeiterinnen und Mitarbeitern, die in meinem Atelier
einen Beitrag geleistet haben und noch leisten. Ihr alle habt mir geholfen und
ihr helft mir weiter, meine Entwurfsgedanken zu überprüfen und zu entwickeln,
bis daraus Gebäude werden.
Ihr seid wichtig für mich.
Mit Annalisa Zumthor, meiner Frau, bin ich tief verbunden. Im Leben und
in der Arbeit.

Dank

Ich freue mich, dass ich meine Projekte und Bauten, meine Entwurfsideen und Arbeitsproben in dieser Gesamtausgabe zeigen kann. Ich möchte mich dafür bei allen Beteiligten herzlich bedanken. Alleine hätte ich das nie geschafft.

So hat Thomas Durisch sich bereit erklärt, die Rolle des Herausgebers zu übernehmen. Ein Glücksfall, denn Thomas Durisch kennt meine Arbeit und hat mein Vertrauen. Für diese Gesamtausgabe hat er unsere Archive durchforscht und eine atmosphärisch stilsichere Auswahl zusammengestellt, in der ich meine Art zu arbeiten wiedererkenne. Die Entstehung der Bücher hat er konzeptionell und gestalterisch begleitet. Für seinen grossen Beitrag bedanke ich mich herzlich.

Die Fotoautoren Hélène Binet, Giovanni Chiaramonte, Hans Danuser, Ralph Feiner, Thomas Flechtner, Heinrich Helfenstein, Walter Mair, Joël Tettamanti und andere haben mir ihre Bilder zur Verfügung gestellt, herzlichen Dank.

Rosário Gonçalves und Barbara Soldner waren mit dem Herausgeber in meinem Atelier dafür besorgt, dass unser Planmaterial und die Modellfotos für die Reproduktion im Buch überarbeitet wurden; sie haben auch das Werk- und Literaturverzeichnis erstellt. Die organisatorische Betreuung des Projektes lag in den Händen von Barbara Soldner und Olivia Schmid. Anregungen zu meinen Texten erhielt ich von Annalisa Zumthor, Monique Zumbrunn, Thomas Durisch, Barbara Soldner und Olivia Schmid. Jürg Düblin, mein ältester und bester Freund, hat meine Texte einmal mehr geduldig und sorgfältig lektoriert. Für die Arbeit dieser Menschen bedanke ich mich herzlich.

Für die Gestaltung der Bände bedanke ich mich bei Beat Keusch und seiner Mitarbeiterin Angelina Köpplin. Sie haben es verstanden, sich in die Welt meiner Bauten und Projekte einzufühlen. Ich bedanke mich bei Arpaïs Du Bois für die künstlerische Beratung bei der Gestaltung meines Buches. Ihr Buch *Where We Met* (Tielt 2011) war für mich eine wichtige Quelle der Inspiration. Die ausgezeichnete Qualität der Abbildungen im Buch verdanken wir den Lithografen Georg Sidler und Samuel Trutmann und allen Mitarbeitenden der DZA Druckerei zu Altenburg. Dass John Hargraves und Catherine Schelbert für die Übersetzung meiner Texte ins Englische und Yves Rosset und Catherine Dumont d'Ayot für diejenige ins Französische gewonnen werden konnten, hat mich sehr gefreut.

Thomas Kramer und Monique Zumbrunn vom Verlag Scheidegger & Spiess haben die fünf Bände produziert. Umsichtig und professionell.

Biografie des Herausgebers: Thomas Durisch, geboren 1963 in Minneapolis, aufgewachsen in Binningen bei Basel. 1990 Diplom als Architekt an der ETH Zürich; seit 1995 eigenes Büro in Zürich. 1990–1994 Mitarbeit im Atelier Peter Zumthor. Kurator der Ausstellungen *Peter Zumthor – Bauten und Projekte 1986–2007* im Kunsthaus Bregenz (2007) sowie in der LX Factory Lissabon (2008) und *Architekturmodelle Peter Zumthor* im Kunsthaus Bregenz (2012–2014).

Konzeption: Peter Zumthor, Thomas Durisch, Beat Keusch
Gestaltung: Beat Keusch Visuelle Kommunikation, Basel – Beat Keusch, Angelina Köpplin
Künstlerische Beratung: Arpaïs Du Bois
Lektorat: Jürg Düblin
Lithografie: Georg Sidler, Samuel Trutmann
Druck und Bindung: DZA Druckerei zu Altenburg GmbH, Thüringen

Dieses Buch ist Band 5 des fünfbändigen Werks
*Peter Zumthor 1985–2013* und nicht einzeln erhältlich.

© 2014 Verlag Scheidegger & Spiess AG, Zürich

Neuausgabe 2024: ISBN 978-3-03942-247-0

Englische Ausgabe: ISBN 978-3-03942-248-7

Verlag Scheidegger & Spiess AG
Niederdorfstrasse 54
8001 Zürich
Schweiz

Der Verlag Scheidegger & Spiess wird vom Bundesamt für Kultur mit einem Strukturbeitrag für die Jahre 2021–2024 unterstützt.

Alle Rechte vorbehalten; kein Teil dieses Werks darf in irgendeiner Form ohne vorherige schriftliche Genehmigung des Verlags reproduziert oder unter Verwendung elektronischer Systeme verarbeitet, vervielfältigt oder verbreitet werden.

www.scheidegger-spiess.ch

Bildnachweis

Alle Skizzen, Pläne, Modellbilder und Fotografien stammen – wo im Folgenden nicht anders angegeben – aus dem Atelier Peter Zumthor & Partner, Haldenstein.

Den Fotografinnen und Fotografen danken wir herzlich für die Genehmigung der Abdruckrechte.
Zudem danken wir Peter Cachola Schmal und Oliver Elser vom Deutschen Architekturmuseum DAM, Frankfurt am Main, sowie Richard Schlagman für ihre Unterstützung bei der Vermittlung von Bildvorlagen und Abdruckrechten.

© Adolf Bereuter, Dornbirn: Band 5, S. 32
© Hélène Binet, London: Band 1, S. 17, 19, 20, 21, 22, 25, 32, 33, 39, 41, 42, 43, 44, 45, 46/47, 59, 60, 61, 64, 76, 77, 78, 79, 81, 84, 87, 112/113, 117, 120, 121, 122, 124, 125, 126, 127 unten, 144, 145, 146, 147, 148, 149, 150, 153, 155, 156, 157; Band 2, S. 10, 11, 13, 15, 18, 20, 21, 24, 25, 27, 28, 29, 30, 31, 33, 34, 35, 36, 37, 38, 140, 141, 142, 143; Band 3, S. 22, 24, 26, 27, 28, 29, 32, 36, 44, 124, 125, 126, 127, 128, 129, 132; Band 4, S. 20 oben, 122, 130, 133, 134, 135, 136, 137, 138, 139, 140, 141, 180/181, 182, 183, 184, 185, 186, 187, 189; Band 5, S. 126, 128, 129, 130, 133, 134, 135
© Hélène Binet, London / Deutsches Architekturmuseum DAM, Frankfurt am Main: Band 2, S. 148, 149, 150, 151, 152, 153, 154, 155, 156, 157, 158, 159, 160, 161, 162, 163
© Louise Bourgeois / 2014, ProLitteris, Zurich: Band 4, S. 170
© Polly Braden, London: Band 5, S. 132
© Giovanni Chiaramonte, Mailand: Band 2, S. 108, 114, 118
© Hans Danuser, Zürich: Band 1, S. 27, 51, 53, 55
© DMP Proces Management, Noordwijk: Band 4, S. 18, 19
© Christoph Engel, Karlsruhe: Band 3, S. 130
© Damir Fabijanic, Zagreb: Band 3, S. 25
© Ralph Feiner, Malans: Band 2, S. 125, 129, 130; Band 5, S. 33
© Christian Grass, Dornbirn: Band 5, S. 36 unten
© Thomas Flechtner, Zürich: Band 2, S. 104, 105, 106/107
© Sigrid Hauser, Wien: Band 2, S. 26
© Jiri Havran, Oslo: Band 4, S. 188
© Heinrich Helfenstein, Zürich: Band 1, S. 127 oben, 128, 129
© Florian Holzherr, Gauting: Band 5, S. 40, 41
© Christoph Kern, Basel: Band 1, S. 80
© Ellen Ane Krog Eggen, Oslo: Band 4, S. 76
© Kunsthaus Bregenz, Foto Markus Tretter: Band 3, S. 70, 81; Band 4, S. 28
© Peter Loewy, Frankfurt am Main: Band 5, S. 38
© Walter Mair, Basel: Band 2, S. 112, 126, 127; Band 3, S. 30; Band 5, S. 30
© Urszula Maj, London: Band 5, S. 137
© 2013 Museum Associates, Foto Philipp Scholz Rittermann: Band 5, S. 67, 68, 72, 73, 74, 75, 76
© Garo Nalbandian, Jerusalem: Band 4, S. 150/151
© Natural History Museum of Los Angeles County: Band 5, S. 66
© Laura J. Padgett, Frankfurt am Main: Band 3, S. 33
© Staatliche Kunstgalerie Perm: Band 5, S. 141
© Rheinisches Bildarchiv, Köln, RBA 090 006: Band 2, S. 146 oben
© Pietro Savorelli, Bagno a Ripoli: Band 3, S. 131, 135
© Ute Schendel, Basel: Band 4, S. 129 oben
Für das Werk von Richard Serra: © 2014, ProLitteris, Zurich: Band 2, S. 150
© Shinkenchiku-sha, Tokio, Foto Shigeo Ogawa: Band 1, S. 82
© Statens vegvesen, Norge; Nasjonale Turistveger, Foto Geir Winsrygg: Band 4, S. 79
© Statens vegvesen, Norge; Nasjonale Turistveger, Foto Knut Wold: Band 4, S. 74
© Stiftung Topographie des Terrors, Berlin, Foto Margret Nissen: Band 2, S. 58 oben, 69 oben
© Joël Tettamanti, Lausanne: Band 4, S. 164, 167, 168 unten, 169

In einigen Fällen konnten die Urheber- und Abdruckrechte trotz umfangreicher Recherche nicht ermittelt werden. Berechtigte Ansprüche werden bei entsprechendem Nachweis im Rahmen der üblichen Honorarvereinbarungen abgegolten.